COMMUNITY

ビジネスも人生もグロースさせる

コミュニティ
マーケティング

MARKETING

パラレルマーケター
小島英揮

日本実業出版社

はじめに
——なぜ今、「コミュニティマーケティング」なのか

ＡＷＳ（Amazon Web Services＝アマゾン・ウェブ・サービス）に私が入社したのは、２００９年12月のこと。日本法人の第一号社員というだけでなく、ＡＷＳ全体でも米国外で初のマーケティング担当者でした。

Amazonというと、世界最大のｅコマースをまず思い浮かべる人が多いと思いますが、ＡＷＳは、そのAmazonがつくったクラウドサービスの会社です。当時、Amazonがこの事業を始めていたことを知っていた日本人は、まだまだ少ない状況でした。

なぜ、そんなアーリーステージのＡＷＳに入ったのかというと、私には一つの確信があったからです。次は、クラウドの時代がやってくる、と。

そのきっかけは、ニコラス・Ｇ・カーの著書『クラウド化する世界』（原題：『THE BIG SWITCH』）を読んだことでした。

その頃、クラウドはすでに話題のキーワードになっていましたし、注目すべきテクノロジーの一つだという程度の認識は、私も持っていました。

しかし、その本に書かれていたことを読んで、強い衝撃を受けることになります。

その本は、象徴的な歴史の事実の引用から、クラウドが「技術の転換点」ではなく、「ビジネスの転換点」であることを示唆していたからです。

●クラウドがもたらした劇的な変化

現代のように、送電網が一般に普及する前のこと。世界の工場では、各工場に備え付けられた発電機が電気をつくり、それが工場の生産能力と直結していました。

その発電機をつくっていたのが、エジソンを創業者に持つGE（ゼネラル・エレクトリック）です。

ところがあるとき、中央発電所というものが誕生します。そこから電線という送電網を引けば、発電機がなくても、工場で電気が使えるようになったのです。

それも必要なときに必要なだけ使えるように。それがもたらしたものが、発電機を売るビジネスモデルの崩壊でした。

『クラウド化する世界』の著者は、最新のクラウドのデータセンターを見学に行き、「これこそ現代の発電所だ」と気づいたといいます。

線がつながった先に、それぞれのコンピュータリソースがある。それも電気と同じように必要なときに必要なだけ使える。これこそがクラウドの本質ではないか、と。

実際には、まだまだ自社に電算室やデータセンターを備え、そこにサーバーを置くのが当たり前の風景です。しかし、これこそが昔、工場に発電機を備えていたのと同じ姿です。今、工場に発電機はあるでしょうか。あっても、それはバックアップ（予備）で、メインの電気は発電所から持ってくる。つまり、**電気を使うエコシステムの中心点が変わった**のです。

それまで私は、クラウドとは分散処理や仮想化のテクノロジーの話だと理解していましたが、どうやらその認識は違っていたようです。

これは、**ビジネスのルールが変わる**ことを意味している。そのことに気づいてからは、クラウドという新しいルールの下で、キャリアを積まなければ！　と強く思うようになりました。

そして縁あって入社したのが、日本でサービスを本格的に立ち上げようとしていたAWSだったのです。

私は日本でのマーケティング責任者というポジションに就きましたが、当時は、クラウドの価値がまだそれほど理解されていない時代。当初は予算どころか、社員もほとんどいません。

しかも、Amazonに対するイメージは「世界最大のｅコマース」であり、そのブランド力は、ＩＴ事業であるＡＷＳではまったく効きません。そもそも顧客が違う。

むしろ、「どうしてAmazonが？」と問われる始末でした。

しかし、ここから日本のＡＷＳは、アメリカ本社も驚くほど大きくグロース（成長）します。クラウドというと、Googleやマイクロソフトを思い浮かべる人も多いかもしれませんが、ＡＷＳは（事業ドメインであるIaaS/PaaSの領域で）その2社よりもはるかに早く、日本のマーケットを切り拓くことに成功するのです。

いったいなぜ、そんなことができたのか。そのことを解くカギが、本書のテーマである「コミュニティマーケティング」にあります。

●「自画自賛」では響かない時代

コミュニティマーケティングとは、端的にいえば、ＡＷＳを知っていて、ＡＷＳを気に入っていて、ＡＷＳを他の人にも広めたいと思っている、ＡＷＳの「ファン」と言える人たちをコミュニティ化することによって、新たな顧客を獲得していく、という戦略です。

ベンダーであるＡＷＳが自ら「ＡＷＳはいいですよ」というメッセージを発信するのではなく、コミュニティに集まってくるユーザーの方々にＡＷＳのよさ、価値を語ってもらい、それを外部に発信してもらうのです。

最近話題のインフルエンサーマーケティング*などと異なり、そこには金銭的な対価や報酬のやりとりはありません。それゆえ、発信内容はリアルで、よりターゲットに響くようになります。これが大きな効果を生み、コミュニティの拡大とともにＡＷＳのユーザーも急激に拡大していきました。

みなさんも、こんな経験があるのではないでしょうか。

ＣＭや営業マンのセールストークにはまるで関心がわかないけれど、その領域に詳しい友人の「あれ、使ってみたほうがいいよ」という一言で、強く興味を持つようになる……。

製品を売る人が、自らをレコメンドするのは、もはや全然響かないのです。そのことに、多くの人が気づき始めています。

一方で、その分野に詳しい人や実際に商品を買った人、使った人によるレコメンドは大いに効果を発揮します。Amazonのｅコマースサイトでも、レコメンドが強い影響力を持っています。

わかりやすく言えば、それをコミュニティによって大規模に実現していったのがＡＷＳでした。

＊インフルエンサーマーケティング＝社会的に影響力を持つ人（インフルエンサー）を介して、商品やサービスの情報を拡散し、市場における認知度や興味・関心を向上させるマーケティング手法

コミュニティに参加する人は、すでにＡＷＳに関心を持ってくれている人です。

また、同じような関心を持ちそうな人がまわりにいる人でもあります。

興味のない人にまでやみくもに情報を発信するのではなく、関心のある人、関心を持ちそうな人に、しっかり情報発信することができた。それが極めて効果的かつ効率的なマーケティングに結びついたのです。

２０１６年8月、私はＡＷＳを退職しましたが、その後も、ＡＷＳのユーザーコミュニティである「JAWS-UG（AWS Users Group–Japan）」は成長を続け、２０１７年には日本全国に約50支部、コミュニティによる勉強会の開催は年２５０回以上、延べ９３００人ほどが参加するまでになっていました。

自走するコミュニティの強さ

２０１８年に開催された国内最大のＡＷＳイベント「AWS Summit Tokyo」では、なんと2万５０００人ものエントリーがあったようです。これは、世界中の都市で開催されるAWS Summitの中でも、もっとも大きな規模になります。

そして、全国で数千人ものコミュニティのメンバーが、「#jawsug」のハッシュタグをつけ、ＡＷＳの情報を積極的に発信し続けたことが、この世界一のイベント実現の大きな原動力であることは間違いありません。

日本での成功は、ＡＷＳの他国のマーケティングにも影響を与えました。韓国や中国でもユーザーコミュニティの活動が盛んになっているだけでなく、アジア諸国のコミュニティリーダーが集まるグローバルな会合も開催されるようになっています。

コミュニティが「自走」し、ＡＷＳのよさを広めてくれる。コミュニティ参加者が増えると、ＡＷＳの利用企業が増える。ＡＷＳに興味を持つ人が増え、営業が訪問したとき、すでにお客様の中でＡＷＳに対して前向きな評価ができている……。

しかも、コミュニティ活動には、金銭的な報酬が発生するわけではありません。コミュニティのメンバーのインセンティブも、金銭にあるわけではない。むしろ**「自分ゴト」として、楽しんで情報発信してくれる**。

そして、このコミュニティマーケティングの流れは、ＡＷＳだけでなく、国内の多くの企業でもフォローされ始めています。

どうやって、こんなことが可能になったのか。

その経緯は本文で詳しくお話ししますが、コミュニティマーケティングと聞くと、コミュニティに参加している人たちに新製品や新機能をどんどん売りつける様子を想像されるかもしれません。

しかし、これはもっともＮＧなケースです。コミュニティに売る＝Sell To The Communityでは、「焼き畑農業」と同じで、最終的に収穫できる場がなくなってしまいます。

コミュニティマーケティングが実現するのは、**コミュニティを通じて売る＝Sell Through The Community**だということ。

いきなり「種」を食べてしまうのではなく、コミュニティを通じて、どれくらい多くの「種」が展開されるか。ここが大切なのです。

そして、このSell Through The Communityを実現するうえで最大のポイントとなるのが、**どんな人に集まってほしいかを規定する「関心軸」**です。

ＡＷＳのコミュニティ「JAWS-UG」を立ち上げた経験から言えるのは、関心軸がハッキリしていれば、そのコミュニティはどんな人がロールモデルなのか、何がリスペクトを集める行動なのかがわかりやすく、それに沿ったアウトプットも増えやすいということ。

必然的に、参加する人たちの熱量が次々と連鎖してグロースしていくコミュニティとなる可能性が高くなります。

一方、関心軸をきちんと決めないまま人を集めてしまうと、コミュニティとしてグロースしないどころか、集まった人同士が衝突するような事態を引き起こしかねません。

●コミュニティマーケティングの可能性

本書を通じて、みなさんにお伝えしたいのは、コミュニティマーケティングは、**ビジネスのみならず、仕事のキャリアや人生もグロースしてくれる**、ということです。

たとえば、参加しているコミュニティには自分と同じ関心軸を持つ人が多くいるわけですから、まわりから自分の能力や得意分野を見つけられやすくなります。

その結果、新しい仕事やキャリアに出会う確率も高くなる。実際、コミュニティを通じて、転職に成功したり、講演依頼が来たりする人が増えています。

自分の能力や多面性が表現しやすくなり、コミュニティがキャリア形成、副業・複業を促す土台になっていくのです。

言葉を変えれば、コミュニティがセルフブランディング、セルフプロデュースしやすい環境をつくっているということです。自分を知ってほしい人たちに、正しく自分の姿を知ってもらうことができるわけです。

昨今、副業を認める会社が増えてきており、それをポジティブに受け止めている声も少なくありませんが、私はむしろ、そこには危うさを感じています。

まるで「終身雇用の保証はしないので、自分たちで食い扶持は見つけてきなさい」というメッセージに聞こえるのです。

さらに多くの会社員が、定年後の仕事について不安を持っています。かつての部下のもとで、大きく下がった給料を手に、もしかすると不本意な仕事を余儀なくされるかもしれない。それよりも、自分の得意な分野、関心のある分野で、人生１００年時代を生き抜く積極的なキャリア形成ができるのではないか。やりがいが持てる仕事を複数持ちながら、将来のリスクヘッジができるのではないか……。

コミュニティマーケティングは、そうした人たちにとっても、重要なキーワードです。

何より私自身が、それを実践し、そのメリットを実感しています。

現在、５つほどの会社の名刺を持って活動していますが、このほか、いくつものマーケティングプロジェクトに携わっているため、極めて珍しい「パラレルキャリア」だとよく驚かれます。

しかし、これを実現できたのも、コミュニティのおかげなのです。

さらに、２０１６年11月には、コミュニティマーケティングを考えるコミュニティ「CMC_Meetup（Community Marketing Community）」を立ち上げました。

ここに集まったコミュニティやマーケティングに関心を持つ人たちが、結果的に私のビジネスもネットワークも大きくグロースさせてくれています。

新たにマーケティングのサポートや伴走の依頼をいただくのは、CMC_Meetup で実際にお会いした人経由や、CMC_Meetupのアウトプットを見てコンタクトいただくケースが圧倒的に多いですし、ＡＷＳ時代には考えられなかった領域でも仕事ができるようになっています。事実、本書もそうしたつながりがきっかけで生まれました。

こうしたコミュニティを通じて多くの人と出会い、ときには趣味の世界でもつながって、さらにプライベートでのネットワークも拡がっています。

みなさんもぜひ、コミュニティマーケティングが持っている幅広い可能性に目を向け、ご自身のビジネスや人生のグロースに役立ててみてはいかがでしょうか。

小島 英揮

２０１９年春

本書は、全体が5章の構成で展開されます。第1章ではコミュニティマーケティングの概略、第2章ではコミュニティマーケティングの価値、コミュニティに参加する個人にとっての魅力、第3章ではコミュニティマーケティングを立ち上げる際の鉄則、第4章ではコミュニティマーケティングにふさわしい商材などケーススタディ、そして、第5章ではコミュニティマーケティングがいかに個人のビジネスや人生をグロースさせていくか、について詳しく語っていきます。

第2章 新しい視点をもたらす「コミュニティマーケティング」

チャンスに出会う可能性が高くなる……100
コミュニティや勉強会が最先端の学びの場に……102
会社のラベルより、「個」が大事になる時代……107
コミュニティがキャリア形成、副業・複業を促す土台に……111
能力の高い人をシェアリングするという選択肢……112
窓がなく外が見えない船室にいるリスク……114

第3章
「コミュニティマーケティング」を成功させるための鉄則

第4章 「コミュニティマーケティング」の実践ケーススタディ

第5章 「コミュニティマーケティング」は人生もグロースさせる

第1章

COMMUNITY

AWSを成功に導いた「コミュニティマーケティング」とは何か

MARKETING

AWSで大きな成果を上げることができ、私自身の人生の拡がりにおいても大きな意味を持った「コミュニティマーケティング」。そもそも、どうして私がコミュニティマーケティングと関わりを持ち、そのポテンシャルに気づくことになったのか。その前にまずは、私のキャリアのスタートからお話ししましょう。

私が大学を卒業したのは、いわゆるバブル経済の後半でした。就職環境はとてもよく、大手の会社から引く手あまたの状況だと言われていました。そんな中で、私の就職に対する考え方は、当時としてはちょっと異端だったかもしれません。私は、マーケティングという仕事に就けるかどうか、という基準だけで会社を選んでいたからです。

実家は自営業でした。働く親の姿を子どもの頃から見ていて、これはとても自分には務まらない、と思いました。休日もお客様がいらっしゃれば、店を開ける。商談が夜9時、10時まで長引くこともありました。

お客様あっての商売なので、それは当然のことですが、その間、私たち子どもは晩ご飯も食べられずに待っている、ということもしばしば……。言ってみれば、四六時中、仕事をしているのです。しかも、仕入れも、営業も、経理も、棚卸しも、税金の申告も、全部自分たちでやる。もちろん、現実には休みもゼロではないし、所得もそれなりにあったと思います。ただ、この真似は、自分にはとてもできそうにない。そこで浮かんだのが、何かのプロになって生きていこう、という考えだったのです。

自分の力を組織に買ってもらう。そういう考え方を、すでに高校時代から持っていました。

そして大学で出会ったのが、マーケティングでした。

マーケティングはリサーチやランキングではない！

ちょうど、マーケティングという言葉が、世の中に出まわり始めた頃のこと。「マーケティング天国」という名前の深夜番組が放送されていました。今どんなものが売れているか、ランキングする番組でした。

大学が商学部でしたので、簿記や会計などビジネスに直結するものを学ぼうと最初は考えていたのですが、自分には少々退屈なものに思えました。そんなとき、マーケティングは面白そうに見え、興味を持った私はマーケティングのゼミに入ったのです。

今でもよく覚えているのですが、ゼミが始まったばかりの頃、指導教授が深夜の居酒屋で、こんなことを語ってくれました。

「マーケティングという名のついたランキング番組があるが、ランキングは単なるリサーチであって、マーケティングではない。マーケティングは、恋愛と同じだ。好きな人がいたら、その人のことを考えて、食事に誘ったり、ドライブのコースを考えたりする。相手によって、オファーは変わる。これが、マーケティングそのものだ。誰に、何を、どう売るか、Who、What、Howなんだ」

たしかにそうだ、と思いました。恋愛においても、すべての人に通用するデートの万能ノウハウなんて、存在しないわけです。相手によって変わる。これは、商品を売るのも同じ。となれば、まず相手を見つけないといけないし、何を売るのかを理解しないといけない。それに応じてどのように行動すべきか、も変わっていくのです。

徹底的にマーケティングを学ぶ

マーケティングには、いろいろな手法があります。

広告宣伝をやってもいいし、キャンペーンでもいいし、(当時はありませんでしたが)ウェブの解析をしてもいい。しかし、こうしたHowは最後で、まずはWho、Whatが大事なのだ、と教わったのでした。

これを聞いて、ますます面白いと私は思いました。マーケティングのプロになろう、と思ったのです。そこで就職活動のときも、マーケティングができる会社に行きたいと考えました。「就社」ではなく「就職」をしたいと考えたのです。

ただ、マーケティング専門の会社に新卒がそうそう入れるわけではありません。一方で、日本企業だと、どんな部署に配属されるかわからない。そんなときに、職種別採用、それもマーケティング職を募集している会社を見つけました。

それが、松下電器（当時）と富士通を株主に持つコンピュータ関連企業のＰＦＵでした。私は後にＩＴ業界でキャリアを築くことになるわけですが、それは実は偶然です。当時はハイテクや精密関連業界がいいと漠然と思っていましたが、ＰＦＵがたまたま職種別採用をしていたがゆえに、結果的にＩＴ業界に行くことになっただけなのです。

しかも幸運だったのは、マーケティング組織が比較的小規模だったこと。新卒社員でも自分であれもこれも考えないといけない役割を担ったのです。大きな組織であれば、分業の中の一つを任されていた可能性が高く、もしそうだったら、今のような視点は得られなかったと思います。

さらに、私が担当したのは、当時世に出始めたばかりのインターネット関連の新しい商品群でした。主力のハードウェアビジネスと比較すると、大したインパクトはない、と社内では見られていたせいか、失敗が許される空気があった。その意味で、思い切った企画にチャレンジできました。私はここで8年間、徹底的にマーケティングの仕事を学びます。

外資への転職、メーリングリストで情報交換という驚き

日本のバブル景気が崩壊したのは、私が入社して間もなくのことでした。日本企業はどこも厳しい状況に置かれます。新卒採用がストップし、後輩もなかなか入ってこない。日本の年功序列な企業風土では、これはなかなか厳しい状況です。

営業職であれば営業成績で自分がどれだけパフォーマンスを出せているか、客観視しやすいですが、マーケティング職では同じ仕事をしている人（＝比較対象）も見つけづらい。

いわゆる偏差値世代の私は、自分がマーケティングでどの程度のランクにいるのか知りたくて（今なら、マーケターが集まるコミュニティに顔を出す、というやり方もあるでしょうが、当時は当然そんなものもなく）、次第に転職を考えるようになっていきます。

ただ、日本の会社はバブル崩壊によるリストラ真っ盛りで、つまり募集の口がない。一方、外資系企業には英語の壁がありました。

そんな状況の中、日本に出て来たばかりだった外資のソフトウェア会社がマーケティングマ

ネジャーを探していました。ありがたいことに、英語力には目をつぶって、採用してもらうことができました。帳票とワークフローを扱っていたジェットフォーム（JetForm）という会社の日本法人です。

１９９９年の入社当時は、まだ十数名の規模でしたから、マネジャーといっても私ひとり。実際には、マーケティング担当者でした。

もともとマーケティングのプロになりたい、その力を他の組織に買ってもらえるようになりたいと考えていたわけです。ただ、自分がどのくらい通用するかは、世の中に出てみないとわからない。そう考えての思い切った転職でした。

ＰＦＵの同期社員の反応はさまざまで、「今の部署より社員数の少ない会社に行くなんて」という反応が多くを占める中、ある同期がこう言ってくれました。

「お前、すごいな。マーケティング１本で生きていく、って決めたんだな」

実は私自身、そこまではっきりと言語化できてはいなかったので、自分がやっていることがどういうことなのか、改めて認識させられたのを覚えています。

ジェットフォームは3年後にアクセリオという社名にリブランドします。

初めての外資系企業での仕事はとても勉強になりました。まず、本社のあるカナダと英語でやりとりをしないといけない。主に米国市場向けに出ている製品に対しても、日本市場に合わせて改良するローカライズの要請などをしなければなりません。世界で売るものを日本に導入するときの作法を、ここで初めて学ぶことになります。

何しろ人数もおらず、組織もチームの体をなしていなかったので、すべて自分でやるしかない。常に自ら動かないといけないというオーナーシップも、結果的にここで培われました。英語も、実地でなんとかするしかなかった。苦手などと言っていられませんでした。

マーケティングの基本である**「誰に（Who）、何を（What）、どう（How）売るか」**を考えたとき、すでに「何を」は海外でつくってしまっていますから、固定されていました。

そんな中で、「誰に」を見つけて、「どう売るか」を考える。これが、私の役割でした。

ただ、アメリカからマーケティングのキャンペーンのやり方が降りてくるわけではありませんし、予算も潤沢ではない。いかに効率的にやるかを徹底的に考えさせられました。お金をかけた宣伝ではなく、人づてで商品をどう拡げていくか。そんな取り組みに挑み始めたのが、この頃です。

カギとなったのが、当時流行り始めていた「ＸＭＬ」というテクノロジーです。

ＸＭＬというのは、タグを使ったマークアップ言語の一種です。ジェットフォームが注目されたのは、電子フォームに入力したとき、データ部分だけがＸＭＬで簡単に抽出できるようになっていた点でした。そのため、入力したデータをデータベースに連携したり、他のシステムに取り込んだりするのが容易でした。フォームとデータが独立した構造だったのです。

このＸＭＬの強みを使い、いろいろなベンダーとアライアンス（業務提携）を組みました。ベンダーも、ＸＭＬデータの強みをよくわかっている。そうすると、私たちがエンドユーザーにリーチできなくても、ベンダーに売ってもらえるのです。

また、当時は「電子政府プロジェクト」が盛り上がっていた時期。ここでもＸＭＬの技術に注目が集まっていました。ＮＴＴ系や日立系の大手ＳＩ企業などと「電子申請推進コンソーシアム」を組み、私が座長を務めた時期があります。多いときには50社ほどが集まり、政府に提案する電子申請の雛形や企画を考えようという取り組みを進めました。

当時、私は30代前半。コンソーシアムに参加するのは、日本の大企業の部課長など役職者ばかり。しかし、きちんとしたテクノロジーとストラテジーがあれば、人は集まってくる、ということがわかりました。

しかも、インターネット関連の新しい領域だったので、権威主義的な古いヒエラルキーも少なかったように思います。そして、コンソーシアムを盛り上げることで、自社製品の販売にもつながっていったのです。

こうして社外の人たちと一緒に話を進めていく仕事は、とてもいい経験でした。これが、後にコミュニティ的な動きをするときの素地になっていきます（このときは意識していませんでしたが）。

実際、こんなことがありました。XMLに関して、当時はメーリングリストで参加者同士がやりとりしていました。衝撃だったのは、いろいろな会社の人やユーザーが、会社や自分には利害が関係ないところで、「XMLをこう使うといいよ」「こんな新しい潮流があるよね」といった情報や知見を、惜しげもなく公開していたことです。

こんなに普通に情報交換が行われているんだ、こんな自由にやりとりする世界があるんだ、というのは驚きでした。おかげで、自分が体験した以上のことを理解できる。

そのためには、どんどん質問したほうがいいし、自分が知っていることはどんどんアウトプットしたほうがいい。これも大きな学びでした。よく観察してみると、情報をもらえている人は、情報を発信している人でした。金銭を伴わないギブ&テイクの良好な関係が成立していたのです。

会社がアドビに買収され、ユーザーコミュニティと出会う

転職して3年、リブランドしてアクセリオと社名を変えていた旧ジェットフォームは、アド

ビに買収されることになります。２００1年に発表され、翌02年に買収が完了しました。買収の大きな理由は、アドビが当時持っていなかった領域の製品や市場をアクセリオが持っていたからです。当時のアドビとしてはかなり大型の買収でしたが、自分たちでイチからつくるよりも、会社ごと買ってしまおう、ということだったのだと思います。

アドビに移った私は、ここで世界トップクラスのソフトウェア企業の戦略の立て方やマーケティング手法と出会うことになります。

その後、アドビは、もう一つ別の買収を進めます。それが、マクロメディアでした。マクロメディアは「Flash」というウェブの世界では勢いのあったテクノロジーを持っていました。このFlashを、コンピュータの入力画面やアプリケーションに使おうというニーズがあり、それを実現するのが「Flex」と呼ばれるフレームワークでした。Flashを業務システムに使うテクノロジーです。私は、このFlexという製品の担当になりました。

そしてこのFlexには、すでに日本に「ユーザーコミュニティ」があったのです。私はこのとき初めて、製品のユーザーコミュニティというものに触れることになります。ユーザー同士が、自分たちの経験や知見を共有する場です。

マクロメディアは、Flexだけでなく、Flashや「ColdFusion」など、他の製品にもそれぞれのユーザーコミュニティを持っていました。

もし、私がＰＦＵ時代にＸＭＬのメーリングリスト体験がなかったら、ユーザーコミュニティのことをまったく理解できなかったかもしれません。メーカーが何をするわけではなく、ユーザー同士が集まって、テクノロジーについてあれやこれや、これはいい、これは悪い、と言ってくれる場――。その存在意義や価値を正しく理解できなかったのではないかと思うのです。あるいは、メーカー側の人間として、コミュニティを自分でコントロールしてしまおうと考えたかもしれません。せっかく、ユーザーが自発的に動いてくれているものを、メーカーがコントロールしようとすれば、うまくいかなくなるのは言うまでもありません。

実際、マクロメディアとしては、ユーザーコミュニティをコントロールするのではなく、サポートすることこそを是としていました。マクロメディアは、コミュニティドライブの仕方をよくわかっていた会社でした。

そして私自身、ジェットフォームがアドビに買収され、かつまたアドビがマクロメディアを買収していなかったら、コミュニティとマーケティングの融合という考え方には、おそらく至らなかったと思います。

では、なぜマクロメディアの製品にユーザーコミュニティがあったのか。そして、なぜマクロメディアは積極的にユーザーコミュニティをサポートしたのか。

次第にわかったことは、ＸＭＬもそうでしたが、新しいテクノロジーというのは、ユーザーにとって実はいちばん必要で有益な「ユースケース」、つまり活用事例が決定的に不足していたのでした。だから、ユーザーはその情報をお互いにやりとりする場が欲しい。そうすれば、自分ひとりで悩むより、多くの活用事例（成功も失敗も）を知ることができるわけです。

実際、アメリカでも、日本でも、こうしたユーザーコミュニティがどんどん拡大していくことになります。製品を扱うベンダーは、製品に関してスペックや機能を語ることはできるのです。しかし、どう使えばいいか、こういうときにどうすればいいか、こんなときに便利だ、という知見や情報は、実際に利用しているユーザーの元にこそ日々たまっていくものであって、ベンダーだけではこうした情報を十分に提供することはできないのです。

しかし、ベンダーが特定のユーザーだけとコミュニケーションを交わしていても、その知見は横には流れていきません。むしろ横に流したほうが、ユーザーにはベネフィットが大きいのに、です。そのことに当時のマクロメディアは気づいていたのでしょう。

また、ユーザーも、マクロメディアに聞くだけでなく、実際に使っている人に聞いたほうが実践的で役に立つ、という事実に気づいていました。

そしてユーザーコミュニティでは、私がＸＭＬで見たのと同じように、ユーザー同士が自分の知見をどんどん提供していくことで、盛り上がりを見せていきます。

当時のユーザーコミュニティは、定期的な勉強会とウェブ上のフォーラムによって行われていました。最終的には全国十数都市に展開され、参加人数も私の知るかぎり、延べで数千人規模になっていました。

コミュニティに対する私の仕事は、そのオフラインの勉強会の設営をサポートすることでした。アドビに買収されたことで、ユーザーコミュニティの人たちの間にも将来への不安があったからです。

私は、コミュニティのリーダーだった人に、どんな支援をするといいか、を聞いてまわりました。ここで、ユーザーコミュニティを一緒に大きくしながら、コミュニティの動かし方の作法や力学を学び、理解を深めていったのです。

コミュニティを通じて情報発信する仕組み

Flexのユーザーコミュニティは、どんどん大きくなっていきました。

ちょうどアメリカにもコミュニティがあったのですが、本社のアメリカ人とのミーティングで、コミュニティをマーケティングにどう使うか、という話が初めて出たときのことを今も覚えています。

それまでは、営業が担当するものでもないし、かといって、他のポジションの人が担当するものではない、ということで製品担当の私がコミュニティをサポートしていたのですが、純粋にそれがどうビジネスにつながるのか、マーケティング施策としてどう位置づけるべきか、きちんと説明できるような粒度で、まだコミュニティの力を理解できていない自分がいました。やってほしいという人がいる以上、会場の設営など、自分ができる範囲でサポートすればいいというくらいに考えていたのです。

ところが、アメリカでのミーティングでは、「この新しいテクノロジーを、コミュニティを通じてもっと多く、世に知らしめなければいけない」という言葉が明確に出てきました。

そしてこのとき、当時の米国本社の担当者が言ったフレーズが、次の言葉です。

「Sell Through The Community」

直訳すれば、「コミュニティを通じて売る」。後にＡＷＳで、私はこの言葉を頻繁に使うことになるのですが、最初は私もニュアンスがつかめず、「Sell Through The Community？　Sell To The Community（コミュニティに売る）ではないのか？」と質問したくらいです。

両者の違いが、よくわかっていなかったのです。

今にして思えば、Flexのユーザーコミュニティは、私からすればお客様の集まりそのものでした。彼らがどれくらい製品を使ってくれるのか、彼らからどれくらいフィードバックがあるのか。コミュニティ＝顧客、という認識だったのです。それこそが、製品担当としての関心事でした。

実は、彼らを通じて周囲のいろいろな人に利用が拡大している、という点については、はっきり意識できていませんでした。

しかし、本当はその拡がりにこそ注目しないといけない、と本社から言われたのです。そうでないと、ビジネスのパイは実際に会っている人数でしかなく、それ以上は拡がりません。

そこから、どれくらい拡散していけるか、それこそが大事なのだ、と。

実際、人は自分のお気に入りのもの、自分が知見を持っているものについては、誰に言われるまでもなく、自分から他の人たちに薦めよう、拡げようとするものです。その人たちを通じて、製品の情報が自律的に発信されて拡散していくのです。

これこそが「To The Community」ではなく、「Through The Community」なのです。

なるほど、と思いました。ならば、もっとコミュニティを拡げ、そこから周囲への情報発信が行われるようにすることが大事だ、ということがわかりました。

そこで、Flexのユーザーコミュニティを母体にした大きなイベントを行ったり、地方でのイ

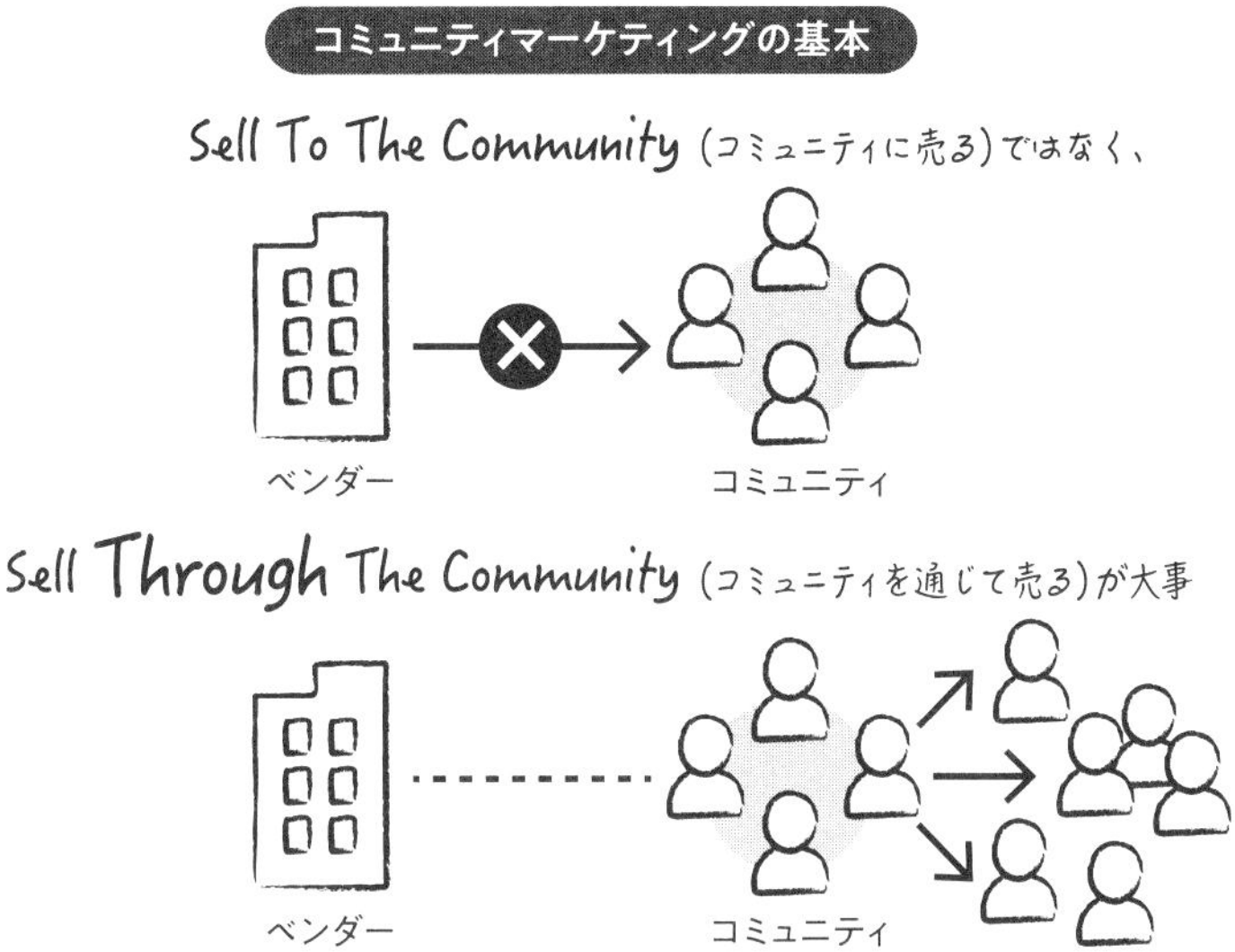
コミュニティマーケティングの基本
Sell To The Community（コミュニティに売る）ではなく、
ベンダー
コミュニティ
Sell Through The Community（コミュニティを通じて売る）が大事
ベンダー
コミュニティ

ベントを増やしたり、サポートを充実させたり、といった取り組みを進めていきました。

結果として、コミュニティはさらに大きくなって、「日本のFlexコミュニティはいいじゃないか」と米国本社からもほめられるようになります。私にとっての、一つの成功体験でした。

どうして、この成功体験にたどり着くことができたのか、実際に起こったこと一つひとつを振り返りながら、確認して理解していきました。

一つは、コミュニティの初期メンバーが、とてもいい人たちだったことです。受け身ではなく、自ら与え引っぱっていく、という姿勢なのです。

しかも、私が携わったのは、コミュニティ

が立ち上がったばかりのタイミングでした。

私はその後、別の製品のコミュニティにも携わるのですが、苦戦することになります。それは、すでにできあがったコミュニティでした。

「マクロメディアのときにはやってくれたのに、アドビはやってくれない」といった不満の声が聞こえてきたコミュニティもありました。

常に受け身で、何か直接的な見返りがなければ動きづらい、という人たちにも遭遇しました。たしかにそれなりの時間を取られるわけですから、ベネフィットがあったほうがいいですが、それではコミュニティは大きくなっていかないということも知りました。

一方で、**いいコミュニティは情報を発信していくことが自分自身のプラスになっていく**、というメリットに最初から気づいている人たちが中心になっていました。そういうカルチャー、風土になっている。これなら、スケールしやすく、結果的に「Sell Through The Community」が可能になる。

私があらためて痛感したのは、一度できあがったコミュニティを後から変更することはできない、ということ。つまり、**初期メンバーが極めて重要になる**ということでした。

そして、もう一つ大切なポイントだと思ったのは、**技術への関心だけで人を集めるのは無理**

があるということです。

実際、Flexコミュニティは技術者だけが集まったわけではありませんでした。新しいフレームワークを身につけることで、ウェブという新しいマーケットで自分たちが「ゲームチェンジャー」になれる大きな可能性があったのです。

そのためには、自分たちが使っている、気に入っているテクノロジーが主流になったほうがいい。だから、もっと仲間が必要だ、という意識がコミュニティに拡がっていたのです。

これが技術だけの関心軸になってしまうと、ゴールの姿が見えてきません。自分へのベネフィットも見えてこない。その意味で、技術とビジネスを分けないほうがいい。コミュニティもマーケットも大きくなることで、自分にも見返りがある。その構図に、ユーザーが気づけていることが大切なのです。そうすれば、「コミュニティをやっているんだから、今、オレにビジネス上の便宜を図れ」と迫られるようなことも起こらない。

そしてコミュニティが面白いのは、「あの人はコミュニティにも貢献しているし、どんどんアウトプット、発信している」という人を見て、「自分も頑張らないと」という人が現れ始めることです。ロールモデルにフォロワーがつき始めるのです。

逆に「オレに何か寄こせ」という人ばかりになると、奪い合いになります。これでは、コミュニティが大きくならない。「奪う」という内向きの方向に力が働くからです。

もう一度、ゼロからコミュニティをつくりたい

アドビで（マクロメディアから生まれた）複数のコミュニティに触れて、たくさんの学びを得ました。なかにはうまくいっていないコミュニティもありました。

そうすると、もしかしたらもっとうまくやれたのではないか、うまくいっていないコミュニティもうまくリビルドできたのではないか、という思いが出てくるようになりました。「もう一度、ゼロからコミュニティをつくりたい欲求」がわいてきたのです。

一方で、自分の転職のタイミングがありました。クラウドの波がやってくると確信し、クラウドの事業に携わりたいと感じ始めていたのです。

先にも書きましたが、きっかけになったのは、『クラウド化する世界』という書籍でした。クラウドという言葉がバズワードになり、新しいテクノロジーの一つだという認識は持っていましたが、この本で衝撃を受けることになりました。

かつては当たり前だった工場の発電機が、中央発電所と送電網に切り替わったことで、発電機を売るビジネスは崩壊してしまった。同じように、会社の電算室やデータセンターはなくなるかもしれない。コンピュータビジネスのエコシステムの中心点が変わるのです。

この本を読むまで、クラウドは、分散処理や仮想化のテクノロジーの一つだと考えていましたが、そうではなくて、ビジネスに大きなゲームチェンジを起こすものだと理解しました。そうなると絶対に（変えられる側にいるより）変える側にいたほうがいい、と思ったのです。

当時すでにクラウドを手がけていたマイクロソフトやGoogleにポジションがあるといいなぁ、などと思っていたのですが、人材会社から「Aという会社が日本進出を検討中です。興味ありますか？」というお誘いを受けたのでした。

「Aというのは、川の名前ですか（笑）」などのやりとりをした後、私はこのポジションへの応募を決断します。もちろん、アメリカでビジネスが始まっていたＡＷＳの存在は知っていましたが、その頃、日本にはチームがなく、当分は進出してこないだろうと思っていました。だから、転職先の候補に入れていなかったのです。

数か月にわたる日本での面接を経て、シアトルで最終面接を受け、無事入社が決まったのですが、その後で私は驚愕することになります。日本にＡＷＳを立ち上げるための同僚がまだ誰もいなかったのです。文字通り、一番最初の日本社員が私でした。

マーケターどころか営業もエンジニアも誰もいない。そもそもアマゾンジャパンに入るのだとばかり思っていたら、別会社であるＡＷＳの日本法人に入社することになりました。

今でこそ、クラウドを利用することへの抵抗感はどんどん小さくなっています。実際、大手からスタートアップまで幅広い企業が使っている。ところが、当時は「業務やビジネスに使うなんてとんでもない」という雰囲気で、まさに、クラウド前夜でした。

「マイクロソフトがクラウドデータセンターをどんどんつくっている」とか「Googleのクラウドがすごい」とか、ニュースでは聞こえてはくるけれど、日々のITの調達やシステム構築にクラウドが現れるシーンはまだ主流ではなかったのです。

ITの仕組みをつくるというのは、相変わらず自前でサーバーを買うことであり、そこにエンジニアが張り付いてシステムをつくることであり、エコシステムの中心はハードウェアでした。トラブルが起きたら、データセンターまで出向いて復旧する。これが当たり前でした。

市場でのクラウドの認知もまだまだ低かった。でも、私には確信がありました。工場から発電機がなくなったように、会社から電算室がなくなる、と。実際、そうなっていくわけですが、もっと早くそれが実現できるのではないか、と思いました。

アメリカでは、すでにAWSのビジネスは急成長し、AWSを利用したスタートアップやソーシャルゲーム、ストレージサービス等が知られるようになっていました。これらのサービスにとっては、ピークに合わせてハードウェアに事前に投資するのはリスクが高すぎます。

仮にサービスがドカンと当たっても、またいつか落ち込むかもしれないからです。そんな企業にとっては、時間単位で使えるＡＷＳのクラウドはぴったりでした。

そして当時のマイクロソフトやGoogleは、ＡＷＳのようなクラウドサービスをまだ始めていませんでした。彼らは新しいテクノロジーを使ってクラウド上で仕組みをつくりましょう、という提案をしていました。つまり、今あるものをそのままクラウドには乗せない、というやり方です。

ＡＷＳは、もっと簡単に既存のシステムをそのままクラウドに移せた。アーキテクチャは今のままで行ける。移行に際しての技術的なハードルが、とても低かったのです。後ですから、実質的にはＡＷＳの競合となるクラウドサービスはほとんどなかったのです。後にマイクロソフトやGoogleも同じ領域に入ってくるわけですが、この先発優位のアドバンテージこそがＡＷＳがクラウドで大躍進を遂げた最大の理由でした。

では、どうしてAmazonはそこに気づけたのでしょうか。

それは、このサービスが世界最大のｅコマースを展開していた自分たちにとって必要なものだったからです。使っているうちに、「この仕組みは便利だよね。どうして自分たちだけが使っているんだ？」ということになったのです。

よく都市伝説的に「Amazonはｅコマースの余っているところを貸している」と言われまし

たが、それは間違いで、クラウドサービス用のデータセンターは最初から分かれています。使ったのはテクノロジーだけで、それを切り出して、お客様用に提供できるようにしたら、誰もが便利に使える、と考えて事業化したのです。

２００６年、私が日本法人に入社する3年前のことでした。

接点の多さで顧客をセグメントする

たったひとりでの入社。援軍も何もない。入社後にシアトルで、マーケティングの予算や採用人数など、どんな計画なのか、と聞きました。返ってきた答えは、米国以外の拠点の立ち上げは始まったばかりで、マーケティング予算はかぎりなく少ないし、採用計画もマーケティングに関してはそんなにない、現在のリソースで頑張ってほしい、ということでした。

実は私には、なんとなくそんなふうに言われることがわかっていました。

そこで話をしながら、次ページのような図をホワイトボードに書きました。

この三角形のピラミッドがマーケット全体で、それが3つに分かれています。上から、「ハイタッチ」「ワンタッチ」「セルフサービス」です。

ハイタッチは、ベンダーがかなり寄り添っていないとなかなか会話ができない、なかなか使

接触回数による顧客セグメント

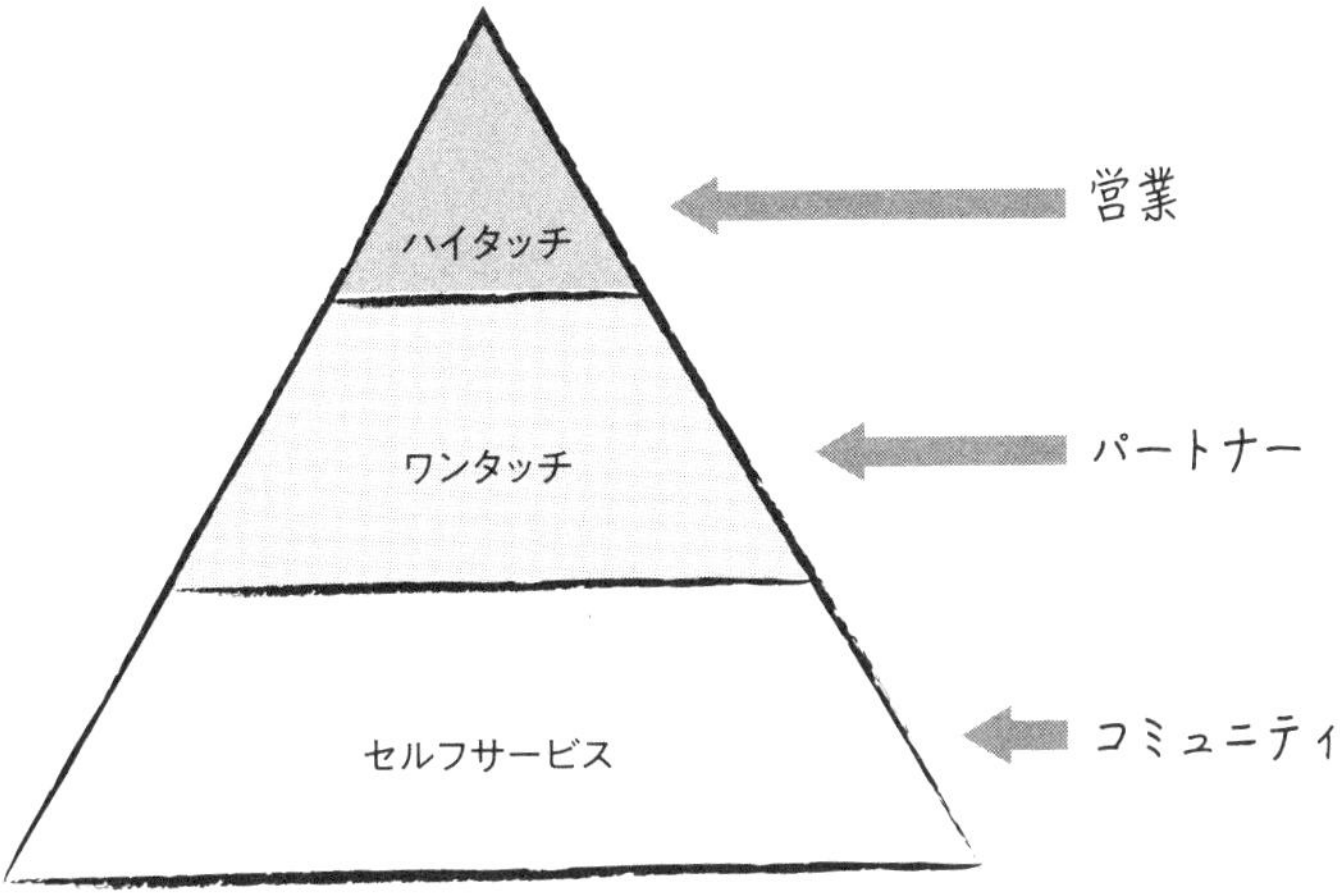

ってくれない人。わかりやすくいえば、大手企業のクライアントでしょうか。

ワンタッチは、一度ガイドすると「なるほど」と言って使い出す人たち。お客様だけでなく、パートナーも最初はワンタッチすることが必要です。

そして、**セルフサービス**は、自分で学んで自分で使い出す人たち。シアトルで聞いたのは、AWSは圧倒的に「セルフサービス」のお客様に支えられている、ということでした。

そして、それぞれには何が必要になるか。

私は、ハイタッチには営業、ワンタッチにはパートナー、そしてセルフサービスに必要なのはコミュニティではないか、と感じたので、当面はセルフサービスに力を注ぎたい、と話したところ、それなら、お金もさほどかからないということで、ＯＫしてもらえたのでした。

当時、専任の営業担当者はいませんでしたから、必要となれば私がお客様先に行っていましたが、それでは訪問できる数などタカが知れています。パートナーもいません。これから構築する必要がある。だから、コミュニティづくりから始めるのだ、と。

ごく普通に考えたら、まずパートナーを獲得していく、というのがビジネスをスケールさせるには一番早いやり方に見えるかもしれません。

しかし、ＡＷＳの場合、従来型のマージンビジネスを行うパートナーの獲得が非常に難しいという事情がありました。その理由は、基本的に「仕切り」という概念がなかったからです。

ＡＷＳでは、たとえば「1時間使うと１００円」のところ、パートナー経由で売るときには80円にして、20円はパートナーのマージンになる、という考え方がありませんでした。そもそもからして、ギリギリのプライスをつけている。これは、Amazonのｅコマースと同じです。

たとえば、Amazonでモノを売っている。それを誰かが代理購入したとき、Amazonの値段は下がるか、といえば、下がりません。代理購入するのはかまわないけど、バリューは別のもので積んでください、という発想なのです。これはすべてのお客様にベストプライスでサービスを提供するうえでは合理的な考え方です。ですが、これまでの日本の商習慣（特にＩＴにおけるパートナービジネス）では、なかなか受け入れられないモデルです。パートナー向け仕切り、という発想がない。だから、従来型のマージンビジネスモデルでパートナーを引っ張っていくのはかなり大変なことで、パートナー先行で、ビジネスを立ち上げる戦略は容易ではありませんでした。

ただし、結果的にパートナーはたくさんできました。お客様の要望で、AWSを扱わないと、パートナーがお客様に提案できないような状況に、どんどんなっていったからです。マーケットが先にできて、新しいモデルに対応するパートナーが後からどんどんできてきたのがAWSのビジネスなのです。

先ほどの**顧客セグメントの図**（43ページ）で、セルフサービスのマーケットを取ることができれば、ハイタッチとワンタッチも取れるようになっていく、ということです。逆にいえば、セルフサービスが取れないと、当時のリソースでビジネスをスケールさせることは難しかったでしょう。

セルフサービスがしっかり取れれば、ハイタッチとワンタッチは取れるようになっていく。そしてコミュニティが拡げていくのは、三角形の底辺の部分です。

この裾野が拡がる一方で、ハイタッチを担う営業を増やしていくことで高さを上げていく。そうすると、三角形の面積（＝底辺×高さ÷２）、つまりマーケットが大きくなる。

この三角形がセールスの規模だとすると、底辺を拡げ、高さも上げると、ビジネスがどんどん大きくなっていきます。この両輪で行けばいい、ということです。

コミュニティの核となる人たちを探し出す

2009年12月の入社直後にシアトルでコミュニティ先行型のマーケティング戦略に合意をもらったうえで、帰国してまず取り組んだのは、コミュニティを立ち上げるときに重要な、中心（になりそうな）メンバーを見つけることでした。アドビ時代に、うまくいくコミュニティは中心となるメンバーで決まる、という教訓を学んでいたからです。

そこで私は、2か月をかけて、いろいろな人に会いに行きました。

コミュニティの初期メンバーをどうやって探したのか？　まずは実際のお客様からです。当時、AWSは日本語のサポートやドキュメントもなく、データセンターもすべて海外でした。ですが、数は少ないながら、アメリカのデータセンターで展開されているサービスを、すでに日本国内で使ってくださっている方々がおられたのです。

利用者データから、請求先が日本の住所になっている顧客リストを抽出し、コンタクトして会いに行き、「どうして使っているのか」「何をいいと思って使っているのか」……などなど、いろいろと話を聞いてまわりました。

ありがたかったのは、「日本でもサポートがスタートするんですか？　待っていました」「AWSがなかったら、本当にマジやばかったです」などといった、とても好意的な声が少なくなかったことです。こういう人たちが、初期メンバーの筆頭候補です。

そして、コミュニティの初期メンバーのもう一つの核になったのは、本の著者です。ちょうどクラウドに関する解説書が出始めた頃で、「AWSはこう使おう」といったテーマの書籍も出てきていました。そうした本の著者に会いに行きました。

多くのケースで、そうした著者は執筆が専門ではなく、どこかのベンダーに所属しながら、専門知識を活かして本を書いていたりするのです。そういう人を探して、「AWSは何がいいですか？」と聞きに行きました。

いよいよ、キックオフミーティング開催！

さらに、いろいろな既存のコミュニティ、たとえば、ウェブデベロッパーのコミュニティやJavaなど言語別のコミュニティで「クラウド」について語っている人をサーチして見つけてコンタクトを取り、「AWSをどう思っていますか？」と聞きに行きました。

「いいですね」と言う人も「ピンと来ないな」と言う人もいましたが、「いい」と言ってもらえた人たちをリストアップしていきました。

おそらく、50人以上にお会いしたでしょうか。その中から、「この人はコミュニティに向いている。ぜひ初期メンバーになってほしい」という方を20人ほど選び、このメンバーたちと一緒にキックオフイベントとして初めての「ミートアップ」を開催しました。２０１０年2月23日のことです。

ここから後に、年間で延べ９０００人以上が参加する大規模なコミュニティに育っていくわけですが、最初はこの20人から始まったのです。

当時のＡＷＳユーザーは、自分でアメリカのＡＷＳを見つけて、英語のドキュメントを読みながら手探りで利用を始めていた、という人がほとんどでした。

自分と同じように「ＡＷＳはいいね！　と言っている人と話をしたい」「同じような考えを持っている人と情報交換したい」という気持ちはかなり強かったと思います。

私は、集まってもらったみなさんに「日本にＡＷＳのユーザーコミュニティをつくりたい」と率直に伝え、具体的な目標として、「ＡＷＳ利用に関する情報が、日本語で検索できるようにする」を掲げました。それまでは、ＡＷＳに関する情報は圧倒的に英語が多く、日本語で検索をかけてもごくわずかな情報しかヒットしなかったからです。

これでは、AWSが機能的に優れているとわかっていても、個々のユーザーの負担が大きい。ならば、コミュニティでみんなが体験したことやティップス（tips＝ちょっとしたコツやテクニック）などをどんどん日本語でアウトプットして、検索できるようにしよう、と。

知りたい情報が日本語で検索できるようになれば、みんながラクになります。これは価値のあるものだ、と受け止めてもらえたのだと思います。そうすると、「知り合いで使いたいと言っている仲間がいるから、今度連れてくるよ」と、メンバーが潜在ユーザーを連れてきてくれるようになりました。

また、AWSやコミュニティの情報がネットでの検索で引っかかるようになり始めると、「こんなサービスがあったのか！」と知った潜在ユーザーが、自分からコミュニティに参加してくれるようになりました。

それこそ当時は、ワラをもつかむような思いでAWSの存在を知った人も少なくありませんでした。ベンチャーのゲーム会社で、レンタルサーバーを使っていた。ところがゲームが当たったと思ったら、すぐにサーバーがダウンしてしまう。こんなときどうすればいいか、と必死で探すと「Amazonが時間貸しサーバーのサービスをやっている」と見つけて始めた、といったケースも耳にしました。

前述したように、レンタルサーバーでやっていた構成を、そのままクラウドに持って行ける技術面のハードルの低さが、AWSの大きな利点でした。なおかつ、クラウド化により急激なアクセス増加への対応も楽になる。きっと困っている人はたくさんいる、AWSの情報がもっとたくさん出たほうがいい、全部自分で調べるのは大変だ、と言ってくれるコミュニティ参加者もたくさんいました。

最初に集めたのは20人ほどの少人数だったわけですが、これには理由があります。どんな基準で選んだのかは、後でお話ししますが、最初は人数があまり多すぎないほうがいいと思っていました。数よりも、「本当にやりたいと思っている人」だけを集めてやることが大事だと思っていたからです。

実は、AWSではまだ私ひとりだったこともあって、最初のミートアップでは会場を手配するのも大変でした。すると、ありがたいことにメンバーの方から「うちの会社のセミナールームを使ったら」という申し出をいただきました。

これをきっかけに、場所を貸してくれる人が次から次へと現れて、外の会社の会議室で会合を持つことが増えていきました。最初のメンバーを中心に、参加者も開催場所も増えていく。好循環がまわり始めたのです。

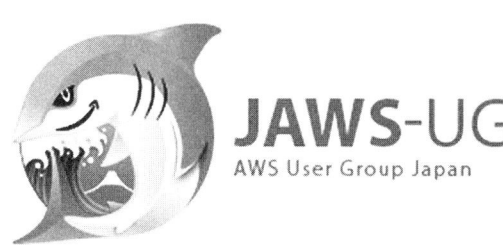

勉強会、懇親会、情報発信の3点セットで

立ち上げたコミュニティには名前をつけました。「JAWS-UG」。AWSの日本のコミュニティですから、ジャパンを意味するJを前につけました。UGはUser Groupの略です。偶然にもJAWS（ジョーズ）という綴りになったので、サメをモチーフにして上図のようなロゴマークもつくりました。後にコミュニティのメンバーがマークをシール化し、自分のパソコンに貼ったりするようになります。

さて、AWSのコミュニティの活動としては、大きく3つありました。

3か月に一度くらいの頻度で「勉強会」を開催、そして必ずセットで開いていたネットワーキングの場としての「懇親会」。それから、学んだことや感じたこと、共有したいことをブログやツイッター（Twitter）でアウトプットしてもらう対外的な「情報発信」です。

勉強会は2時間ほどの構成で、基本フォーマットを定めていました。

最初に、AWS側からのメッセージと「アップデート」情報を伝える。

ＡＷＳの魅力と、今はこんなことをやっています、と報告する。みなさん、ＡＷＳについて聞きたくて来ているわけですから、アップデート情報は必須です。

それからユーザーの方々に「事例紹介」で登壇してもらいました。20分ほどの枠で「ＡＷＳについてよい話が聞けそうだ」という人を私がコミュニティの内外を問わず探して依頼しました。なぜなら、ここでどんな話が聞けるかをきちんと決めることが、コンテンツのクオリティをコントロールすることにつながるからです。これがしっかりできれば、コミュニティ自体のクオリティや参加者の満足度も上がります。

これと併行して、「ライトニングトーク」枠も設けました。これは、各自5分ほどの持ち時間で、ＡＷＳへの思いや活用事例を発表してもらいます。

「私はここでハマった」とか「私はここでこうやってうまくいった」など、20分の枠で話すまではいかないけれど、ちょっとやってみた、というのを話すための短いトークでしたが、これが意外に大事なのです。

何より発表の場があるというのは、参加メンバーにとって大きな刺激になります。また、5分間で話せる内容には、おのずと制限があります。結果的に発表のハードルが下がる、という構図です。そうすると、次は自分も話してみよう、私も発表してみよう、ということになるのです。

マーケティングにおけるコミュニティは、集まることが目的ではありません。集まった人が情報を発信、拡散しないといけない。つまり、コンテンツ生成装置（Contents Generator）なのです。そうでなければ、「Sell Through The Community」になりません。

では、その発信者を増やしていくためには、どうするか。

発信するためのハードルを下げるというのが、一番いいやり方です。

ただ、ハードルを下げすぎたものばかり集めると、情報のクオリティが担保できないので、20分の「事例紹介」は、最初はこちらがコントロールする。これ以外のところで、自由空間として5分の「ライトニングトーク」があるわけです。

ライトニングトークはクオリティコントロールをあまり意識していないので、ときに「おや？」という内容の話もあります。ですが、それも5分で終わりますし、他の人のセッションも続きますので、あまり後に響きません。

一方で、ライトニングトークで光る内容をお話しいただいた方は、「この人の話をもっと聞きたい」ということで、次回の「事例紹介」での登壇者になってもらったりします。

事例紹介もライトニングトークも、登壇者は人に話ができる人たちであり、自分の話を聞いてもらいたい人たちです。ポイントは、ＡＷＳユーザーという適切な「聞き手」が集まっている、ということです。話のわかる人たちが聞いてくれる。この場で話すことは、発表したい人にとって大きな魅力になるのです。

続いて、**懇親会**です。最近は、勉強会場にお酒を持ち込んで、同じ会場で行う（このほうが懇親しやすい）ことも多くなりましたが、当初は勉強会が終わった後に、近くの居酒屋等に行くのが通例でした。

ここで大事なことは、次回の「事例紹介」のスピーカーを探すことと、そしてコミュニティのファシリテートが上手な人、コミュニティのリーダー候補を探すことでした。

こんなときに便利なのが、立ち飲みのお店です。立ち飲みだと何が起こるのかというと、話が上手な人やコンテンツを持っている人のまわりに、人が扇形に集まるのです。誰が情報発信者として適切なのか、とても見分けやすいんですね。

そして、その人が話しているところに行くと、自分の話をずっとしているのか、まわりの人にも気を配りながら、上手に会話を楽しんでいるのかがわかります。

自分の話ばかりするタイプは、スピーカーとしてはよくても、コミュニティを運営する側にまわると、ちょっと問題があることも……。そういう場合は、スピーカーだけにとどめ、オーガナイザーはお願いしないほうがいいでしょう。

一方で、話も上手で、常にまわりに視点が向いていて、「ビール注ぎましょうか？」などと気が利く人は、オーガナイザーやコミュニティのリーダーに向いています。こういう人を見つけて、「次は、一緒に運営をやりませんか？」「次回、お話ししていただけませんか？」と声をかけていけば、だんだん運営に関わる人やスピーカーが増えていくのです。

3つめの**情報発信**は、おもにツイッターやブログで行います。当初は拡散力があるツイッターが中心でしたが、もちろんブログも強力なコンテンツになります。

ミートアップが盛り上がると、ツイート量で熱量の高さがわかるので、「#jawsug」というハッシュタグで、このコミュニティに関する情報を逐一つぶやくようにし、イベントの終わり際には「ツイッターで発信したり、質問したりしてください」「ぜひ、ブログで書いてください」と、会場のみなさんにも促します。このボリュームが増えていくと、その投稿を見て、さらに新しい人がコミュニティにきてくれるようになるのです。

参加者同士の情報共有は、当初はGmailなどのメーリングリストでスタートしましたが、ほどなくフェイスブック（Facebook）をみんなが使うようになり、「Facebookグループ」に切り替わりました。ここから、スライドや写真も共有できるようになり、情報のやりとりが活性化していきます。それに加え、Facebookでは、普段のメンバーの姿も見えてきます。

たとえば、リーダーとして一緒に運営していくときにも、その人のことがよくわかるので、コミュニケーションが取りやすくなるんですね。これが後に、各地で立ち上がるコミュニティのリーダー同士を横に結びつけるときにも役立つこととなります。

　ソーシャル時代は、コミュニティの拡大を間違いなく加速させたと思います。


　コミュニティのメンバーに情報を発信してもらうとき、一つ気をつけていたことがあります。それは、**間違った情報ではないかぎりは、訂正にいかない**ということです。

　事実関係の誤解の場合は、それは違いますよ、とみんなが見える場で発信者に伝えたり、訂正なりをお願いしたりしていましたが、個人の意見や感想は、たとえネガティブな内容であっても止めませんでした。

　もちろん、「これは自分には使いづらい」「この用途には向いていない」という情報発信もありますが、多くの場合、これらのネガティブ発言は、いわゆるヘイトではありません。

　なぜかというと、ＡＷＳが好きでコミュニティに参加しているから。製品愛ゆえの指摘、フィードバックなのです。それをコントロールしようとするのは、正しいことではない。こうした声は、むしろ傾聴する姿勢が大事です。

　なぜ、そのようなことを言っているのか、背景を理解し、必要であれば、きちんと製品開発元にフィードバックする。また、発言者に対しても、なぜ、そのような仕様になっているのか、他にどんな対処方法があるかをきちんとお伝えする。こうした「フィードバックループ」がまわるように努めました。

ライブ配信で地方ユーザーも巻き込む

初期の頃は、勉強会の模様を動画配信サービスの「Ustream」でライブ配信していました（今はなくなってしまいましたが）。同時にツイートがハッシュタグで流れ、遠隔地の人も参加するようになってくると、次第に「自分の地元でもやりたい」という声が上がるようになってきました。

東京以外の地方開催については、２０１０年内に1回目ができるといいな、と思っていましたが、ニーズの高かった大阪、福岡、北陸などが早期にスタートすることになり、それにつられるように、東京の規模もどんどん拡大していきました。

20人で始まった東京でのコミュニティを、３か月に1回行ったとして年4回、毎回80人から１００人来たとしても、延べで４００人が上限。これでは、あまり大きなムーブメントにはなりません。地方への拡大、そして、関心軸が多くなってきたら、**関心軸ごとの株分けをして、それぞれが自走化する**ように進めることが重要です。

一つのコミュニティが大きくなり過ぎると、どうしても密度というか同質性が落ちていきますので、ある程度の大きさになったら、それぞれの興味関心の強いところだったり、属性だったりで分化していくことで、コミュニティへの求心力が保たれるのです。

たとえば、新しくコミュニティに入った人のためのJAWS-UG。セキュリティに特化したJAWS-UG。女性エンジニアのためのJAWS-UG……。そんなふうにして、ますますコミュニティ全体が大きくなっていきました。

コミュニティのつながりが一つの力に…

地域コミュニティ同士のつながりが強くなったのは、２０１１年頃からだったと思います。ちょうど２０１１年3月にＡＷＳの東京リージョン（データセンター）ができることが決まっていたのですが、そのことは伏せたまま、「みんなで東京に集まり、会合をしませんか」と呼びかけたのです。勘のいい人はピンと来ていたかもしれませんが、正式には、3月2日の深夜に東京リージョンのオープンを発表。その週の金曜日に、開催に漕ぎ着けました。

当日は、いろいろな都市から自費で大勢の人が集まり、勉強会だけでなく、パネルディスカッションなども取り入れたことで、いつも以上に熱気あふれるミートアップとなりました。

リーダー同士が横につながったことで、ここからいろいろな都市にコミュニティを展開する動きが加速します。「福岡でそんなに盛り上がっているのなら、九州の他の場所でもやりたい」といった具合です。この日を境に、全国にコミュニティが大きく拡がる流れができました。

この約1週間後の3月11日、東日本大震災が起こります。地震による物理的な被害に加え、ネットも混乱に陥りました。ご存じの方もおられるかもしれませんが、たとえば、日本赤十字社の寄付を受け付けるサイトがパンクしてしまいました。普段は、そんな多くのアクセスが寄付サイトに殺到することなど、想定していなかったのです。

ただ、技術的には、クラウドへ移行すればいくらでもスケールすることがわかっていましたので、当時のAWSのエバンジェリストだった玉川憲さん（現・株式会社ソラコム代表）が東京リージョンのリソースを無償提供していいか、本社に掛け合いました。二つ返事でOKが出たものの、条件が2つありました。

まず、既存のお客様に迷惑をかけないこと。そして、このリソース提供を宣伝に使ってはならない、ということでした。こうして、無償提供が可能になりました。

しかし、問題は日本赤十字に移行作業をするマンパワーがなかったことです。クラウドのサーバーを提供されても、移行作業をやれる人がいなかった。その課題をツイッターに投稿すると、JAWS-UGのメンバーから続々と「僕たちが移行を手伝います」という連絡が入ったのです。

その日から毎日、夜ウェブ会議で集まり、移行作業を全国のコミュニティのメンバーが手分けして行いました。私たちは「タイガーチーム」と呼んでいましたが、共同で見事に移行作業をやってくれたのです。

結果として、コミュニティの連帯感、一体感が大きく醸成されました。そして、JAWS-UGが手がけたことが世の中的にも知られるところとなり、大きなスポットライトが当たりました。このことがまた、さらにコミュニティに人を呼び込むことになりました。

２０１１年のコミュニティのメンバーだけで集まった記念の会合は、翌年から「JAWS Summit」という名前で、年に一度のお祭り的なイベントになりました。人が集まり、外からも見える形にしたのです。「JAWS Summit」も、JAWS-UGの認知度を高めるのに一役買うことになりました。こうした場づくりをしていくのも、私の仕事でした。

営業が行く前から、顧客が「聞く気」になっている

コミュニティがスタートして8年目。私がＡＷＳを去った翌年には、勉強会の開催は年２６０回を数えるまでになっていました。これは、ほぼ毎営業日、どこかで誰かがＡＷＳの話をするために集まっている計算になります。その延べ参加人数は、年間９３００人。8年で、ここ

までの規模に成長したのです。その成長は現在もまだ続いていますが、正直、これはコミュニティを始めた当初の私の予想を超えた規模です。

また、年1回の「JAWS Summit」は「JAWS DAYS」と名前を変え、来場者は毎年増加。2018年には2000名ものエントリーがあったようです。

また、同じ年に開催されたAWS主催のイベント「AWS Summit」は、実に2万5000人ものエントリーと、イベントの規模はどんどん大きくなっています。

残念ながら、コミュニティがAWSの売上げにどう影響したかについて正確な数字を算出することは難しいのですが、ビジネスの伸びに与えた影響は、とても大きかったはずです。

というのも、コミュニティの拡大とともに、AWSの認知がどんどん拡がっていったからです。しかも、単に「名前を聞いたことがある」というレベルではなく、「自分に関係ありそう」というポジティブな形で、です。先の三角形（43ページ）で説明した「セルフサービス」な人たちが自ら使い始めただけでなく、タッチが必要な「ハイタッチ」「ワンタッチ」なセグメントのお客様にも大きな効果を発揮したのです。

たとえば、大手企業にAWSの営業が訪問したとします。すでにコミュニティから発信された事例等の情報が伝わっていて、「AWSはいいらしい」「同じような業務で使っている例がある」という話が先方の社内に拡がっていたりするわけです。JAWS-UGを通じて「使ったほうがよさそうだ」という話がチラホラ聞こえてきている。

可視化、数値化はできないけれど、営業の肌感覚としては、コミュニティですでに地ならしがされていて、お客様が「すでに耳が開いている」状態だというのです。

先方との会話が「ＡＷＳはいいと聞いている」というところからスタートする。これは営業としては、とても大きなアドバンテージです。「Amazonという会社でクラウドをやっていまして……」という自己紹介から入るのとは、まったく入り口が違う。まっさらな状態からセールスに入る必要がないわけです。

また、クラウドに関心があれば、一度はネットで情報収集をするでしょう。そうすると、JAWS-UGからの情報発信がたくさん目に入ってくる。それらは気になる情報になっていきます。**コミュニティのメンバーによって書かれたものは、ユーザー目線で書いてあるため、ユーザーとしては、とても入りやすい**からです。

ベンダーが自社の製品を説明しようとすると、あれも言わないと、これも言わないと、この機能もアピールしたい、となって意外にとっちらかるものですが、「ネットワーク運用者から見たクラウドのよさ」なんてことが書かれていると、同じ立場のユーザーには「おお、なるほど」となるのです。

「サーバー移行時のつまずきポイント」なんて情報があれば、「これはありがたい」ということになる。これだけ情報があるのなら、もうちょっと話を聞いてみよう、営業を呼んでみよう、ということにもつながっていく。そして、発信者が多ければ多いほど、興味の入り口も増えていきます。ユーザーは、自分に一番近い情報にたどり着きやすいからです。

大きな会合やソーシャルの流量があると、目につきやすいし、探すきっかけになる。そして探すときに、#jawsugのハッシュタグを見つけたり、有名なスピーカーが見つかったら、その人を追いかけ始めたりするようになるわけです。

オープンな場だからこそわかる市場価値

発信する側も、いい発表をするとフォロワーが増えます。これが発信のモチベーションにつながります。実際、クラウドが話題になるにつれ、クラウドに関するイベントもたくさん行われるようになっていきました。そうなると、イベント主催者はクラウドについて語れるスピーカーを探します。フタを開ければ、みんなJAWS-UG関係の人だったりするのですが、これは他のクラウドよりもコミュニティでの情報発信をいち早く行っていたからです。

こうなると、「じゃあ、JAWS-UGの人に講演をお願いしよう」「JAWS-UGのあの人を呼んで勉強会をやろう」という動きがどんどん拡がっていく。各JAWS-UGの開催頻度は3か月に1回程度ですが、コミュニティのメンバーの露出頻度はそれ以上に上がっていきました。

コミュニティの外からも、こうした人の能力が見つかりやすくなっていったのです。

しかし、それは偶然になったわけではない。こういう状況になるコミュニティのつくりにしたからです。クローズドなコミュニティだとやっていることが外から見えないので、これができません。それとは異なるアプローチで、**コミュニティで情報発信した人たちが、外から発見されるようになるコミュニティ**がJAWS-UGなのです。

このように、あちこちから呼ばれるようになったJAWS-UG関連の人たちに何が起こったのかというと、「あんなにできる人だったら、うちで雇っちゃおうよ」という会社や団体が現れ始めたのです。

その結果、クラウド転職、コミュニティ転職が、頻発していきました。つまり、その人の市場価値が上がったのです。人だけではありません、会社も同様です。JAWS-UGで活躍している、あの人もこの人もこの会社にいるのか。じゃあ、あの会社が一番詳しいんだな。だったら、あの会社に聞こう。あの会社に発注しよう、ということになっていったのです。

面白いのは、この人たちは、個人も会社も、自分自身を売り込むことは一切していない点です。「AWSのこういうところがわかっています」「これで失敗して、こんな経験があります」

と発信しているだけです。「私が一番」「わが社が最高」なんて言わない。

でも、一番知っている人は誰だ、一番知っている人たちがいる会社はどれだ、とみんなが見ると、この人、この会社、ということになるのです。そうすると、安心して雇えるし、頼める。何が得意かも事前にわかっているので、「こういうことで困っているからお願いしたい」という期待値設定もできている。そこから頼む範囲もはっきりします。

これが、自分から売り込みに行ったとしたらどうでしょう？　相手に能力をわかってもらうまでが大変です。「クラウド、なんでもできます」などと漠然と言われても、その能力を推し量ることは難しい。「これができる」ということを、ふだんからコミュニティを通じて発信しておくほうが、実際には、いい話が来やすいのです。

求められているのは、コミュニティと向き合うこと

コミュニティづくりにおける私の役割は、場づくりをすることと、スピーカーやオーガナイザー、リーダーを見つけることでした。

この人は、という人を見つけると、一緒に運営をしながら、3回ほど一緒に「伴走」した後は、そのコミュニティに「自走」してもらうことを促していきました。

後にも詳しく書きますが、**最初は一緒に走ることが大事**です。場をつくり、スピーカーを探し、見つけたリーダーと一緒に走る。しかし、ある程度の段階にきたら、リーダーにコミュニティを渡さなければなりません。そうでなければ、私の時間の枠だけでは、コミュニティの拡大スピードや勉強会の数に限界が来てしまうからです。

これでは、コミュニティがスケールしません。大きくスケールしていくには、自走してもらう必要があるのです。しかし、走り方がわからないまま迷走してしまうのは、お互いに望むところではないので、伴走し、走り方とかペースとか、どこに走って行くのか、お互いにベクトルを共有するための時間が必要になってきます。

こんなふうにサポートしながら、地方や関心軸での支部やリーダーがどんどん増えて、スケールしていくコミュニティの拡大を見つめ続けたのが、AWS時代でした。

AWSは、ビジネスとして大きな成長を遂げていくことになります。この結果は、私自身がおぼろげに感じていた、「これまでの効率の悪いマーケティングでは、もううまくいかないのではないか」「コミュニティと向き合うことこそが、これから求められているマーケティングなのではないか」という思いを確信へと変えるものでした。

第2章

COMMUNITY MARKETING

新しい視点をもたらす「コミュニティマーケティング」

ＡＷＳで大きな成果を上げた「コミュニティマーケティング」。それによって、従来のマスマーケティングの限界を知ることにもなりました。なぜ、コミュニティマーケティングはうまくいったのか。ここからは、コミュニティそのものの価値、そして、そこに参加する個人にとっての魅力についてお話ししましょう。

「どうしてコミュニティマーケティングでうまくいったのでしょうか」

ＡＷＳが大きな成長を遂げている最中、私はたびたびこの問いかけを受けることになりました。このテーマで講演を求められることも増えました。

そのときに私が強調していたのは、**コミュニティマーケティングとは、既存のマーケティング戦略の中に追加されるものではなく、根本的にマーケティングの考え方を変える新しい考え方なのだ**、という点でした。

これまでのマーケティング、とりわけマスマーケティングは、とにかく大量に当たれば、結果も大きくなる、というもので、大多数にリーチすることを目的としています。

その結果、広告の多くは、ターゲット以外の人々にまで広く届く一方で、本当にリーチしたい人々があちこちで「漏れてしまう」という状況が起きていました。

ファーストピンをねらえ！

このことをわかりやすく説明するのによく使うたとえが、ボーリングのピンです。

10本のピンが立っているとして、これを倒すには、「球がたくさんあればいいじゃないか」「とにかく球を投げていこう」というのが、これまでのマスマーケティングです。

そのため、大きな広告予算が必要だったり、たくさんキャンペーンをしなければならないと考えるわけです。それに見合うだけの効果があればよいのですが、実はあまり本来のターゲットには当たらないという問題があります。

昨今、人々の嗜好が多様化する中、その

効率的にピンを倒すには…

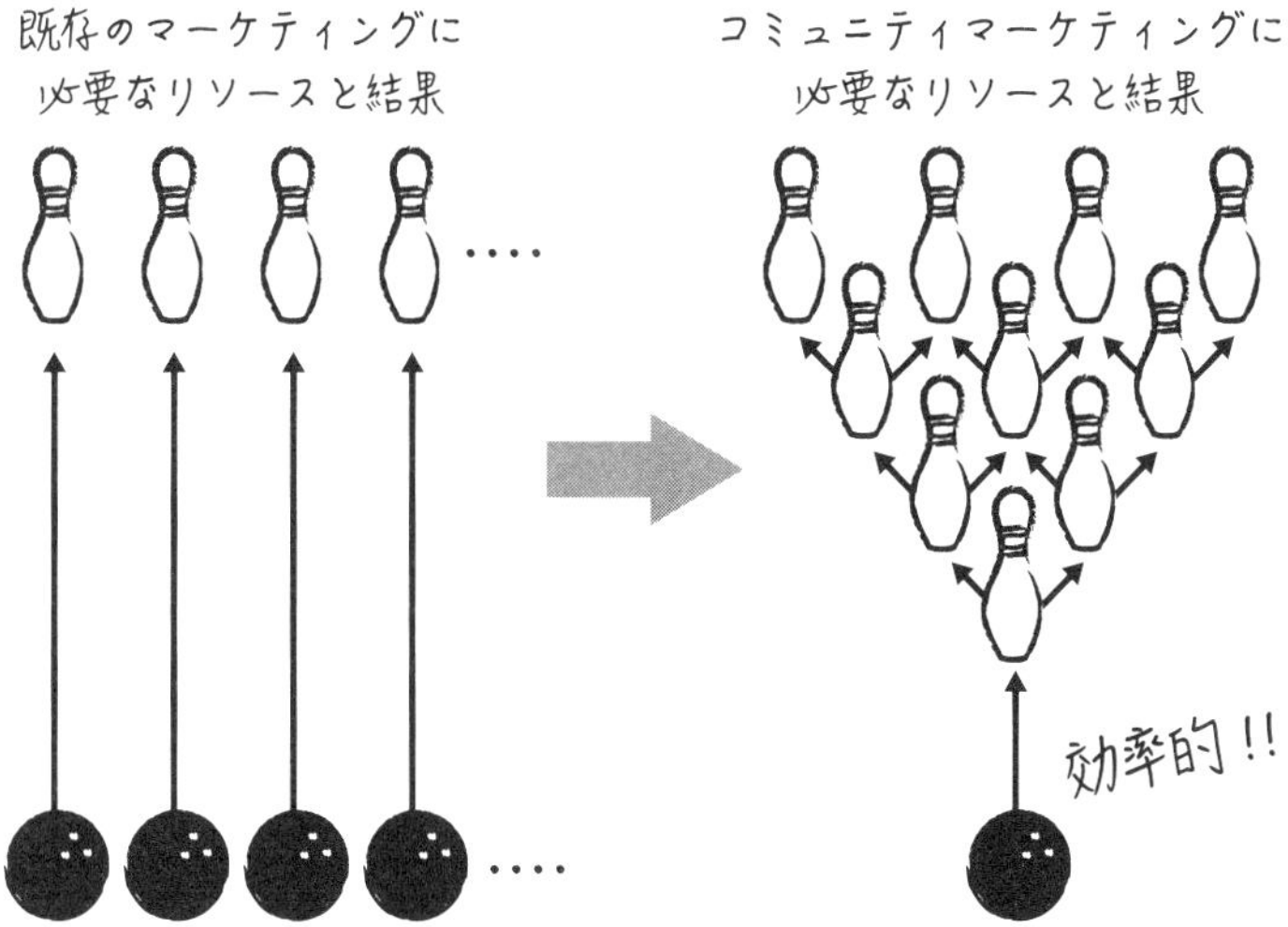

一般的なマーケティングの流れ（ファネル図）

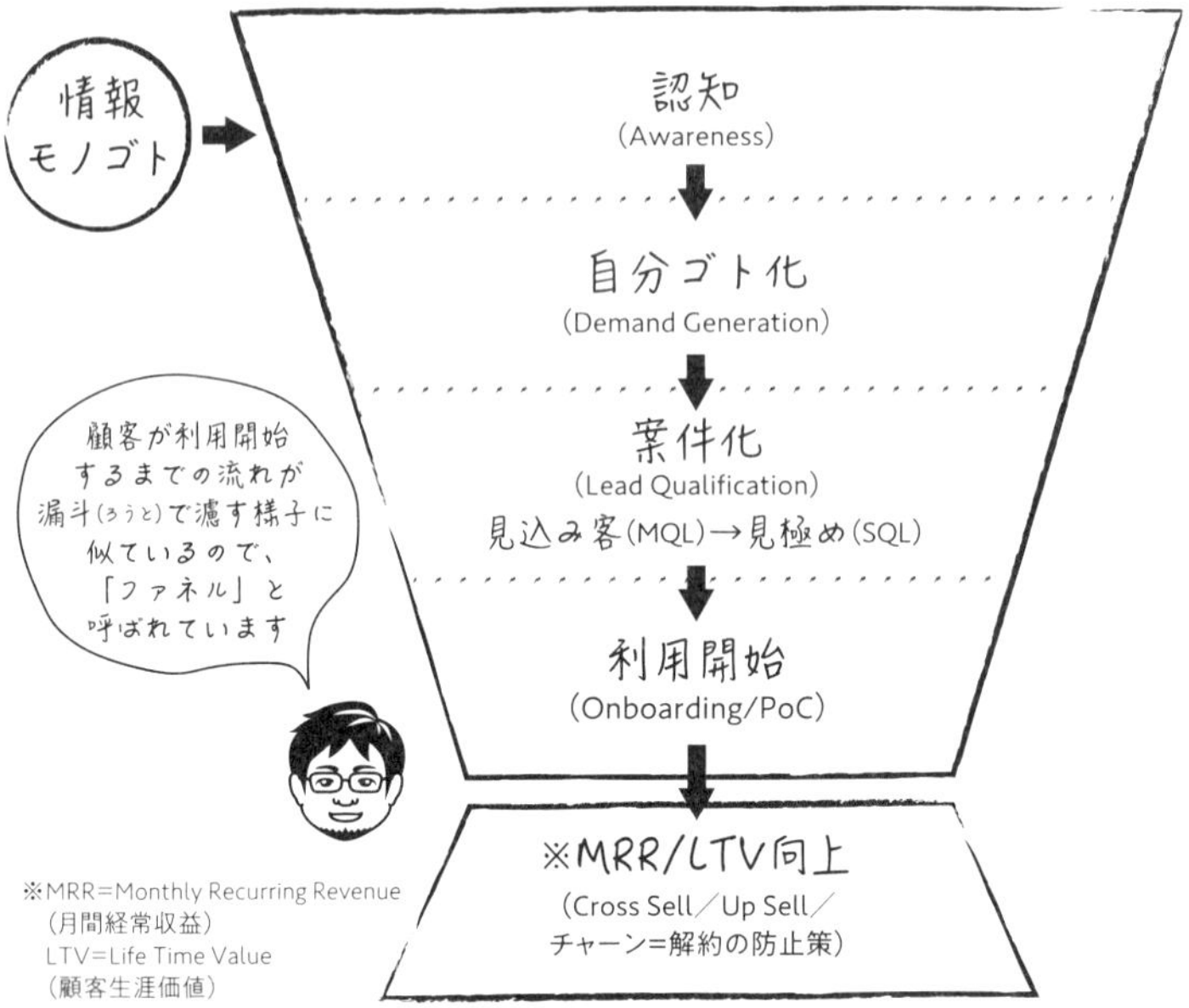

効果は、ますます出にくくなっています。

では、コミュニティマーケティングの場合はどうか。

言うなれば、**ターゲットとなる1本のピンに対して1個の球を投げ、その波及効果ですべてのピンを倒していく**（つまりストライクを取る）、というイメージです。

このストライクを出すために重要になるのが、「1番ピン（ファーストピン）」に相当する人たち。それは、すなわちコミュニティの初期メンバーやリーダーたちであり、このファーストピンとなる人たちの存在こそが、コミュニティをうまくまわしていくうえでの重要なポイントとなります。

一般的なマーケティングの流れを図式化したのが、右ページの**ファネル図**です。

逆三角形の広いほうから情報やモノゴトが入ってきて、まず人々に「認知」されると、やがて「自分ゴト化」し、そこから「案件化」することで、「利用開始」へとつながっていきます。

通常は、段階を経るごとに、どんどん関わる人数は減っていくため、マス広告によって「認知」の部分を大きくしたり、この逆三角形そのものを大きくしようと、人、モノ、カネといったリソースの多くを投入してしまうことがよく起こるわけです。

しかし、そもそもの目的は、不特定多数にマーケティングすることではなく、一番下の「利用開始」を増やしていくことです。「もう一歩、押したらお買い求めになりそうな方をきちんと押す」「少し興味を持っている人に対して、もう一歩のところまで持っていく」ところを改善するほうが、ずっと効率がよいはずなのに、意外とここにフォーカスが当たりません。

伝える相手、メッセージ、タイミングを最適化

端的にいえば、コミュニティマーケティングは、この逆三角形の下のほうにいる人たち、すでに興味がある人たちを中心に、「これいいよ」と言ってもらおう、というモデルです。その

中から本当にいいと思ってくれる人が現れて、それをまた下の人に伝えてくれる。

つまり、逆三角形の従来のファネルだと、ある地点から明らかに対象が少なくなっていくのですが、コミュニティマーケティングは、ある少数の起点をつくっていくことで、末広がりに拡がっていきます。考え方が、まったく逆なのです。

今までのマスマーケティングは、ターゲットにリーチするテクノロジーとしてはよくできていました。たとえば、ビール好きにリーチすることは、それほど難しくありません。また、若い女性にリーチすることもできるでしょう。デジタルマーケティングでも得意なところです。しかし、その人にリーチできたとしても、ボーリングでいえばピンを転がすことはできない、という点に注意が必要です。

「これ、私に関係ある」と思わせる「自分ゴト化」の部分が、今のマスマーケティングでは難しい。広告の世界では、それを実現させる部分を「クリエイティブ」に依存することが多いわけですが、売り手視点での「クリエイティブ」は、そうそう響くものではありません。

なぜかというと、使っている人、ユーザーの言葉ではないからだと私は思っています。

しかも、このクリエイティブを評価し、決定しているのは、広告主=売り手です。

たとえば、クルマの広告があるとしましょう。広告代理店のクリエイティブがキャッチコピーを考えますが、それを誰が決定しているのかといえば、売り手である自動車会社のマーケティング部や宣伝部の人たちです。買う人ではありません。いくら美辞麗句を並べても、それは広告主の言葉なのです。

一方で、買う人の言葉ならどうでしょうか。

「この間、新しいエコカーに試乗したんだけど、オレが思っていたのと違っていた。走りもいいし、びっくりした」

実際のユーザーからこう聞くと、エコカーなど眼中になく、スポーツカーを買おうと考えていた人も、それならちょっと試乗してみようかな、という気持ちになりやすい。**同じ視点を持つ人の声のほうが人を動かす**、のです。

これは、ベンダーやメーカーにはできません。同じ立場の人の話こそ、一番「自分ゴト」になりやすい。そして、**みんなの「いいよ」という声を束ね、その声を聞く人を集める場が、マーケティングにおけるコミュニティ**なのです。

相手も情報の粒度も最適化するとき

「(この商品、サービスは)すごくいいよ」と初めに言い出す人と、「ああ、そうなんだ」と真似して使ってみる人が現れると、コミュニティは次第に大きくなっていきます。自発的に動く人が増えるほど、その拡がりは加速していく。ＡＷＳがまさにそうでした。初めはまったく何もなかったところから、コミュニティのコアができ、約８年で年間２６０回もの勉強会が行われるようになっています。

どんどん変わり続けるＡＷＳのサービスに対して、「これはいいよね」「ここはもうちょっと、こう使うといい」「このやり方をやめて、こっちでやったほうがいいよ」というコミュニケーションを、みんなが自発的にやってくれている。問題は、**「誰が言っているか」**なのです。

そして、コミュニティマーケティングでは、**この発信者が自然と伝える相手も情報の粒度も最適化している**、というところにも大きなポイントがあります。

たとえば、私が「あのバイク、すごくイイよね」という話をするとき、まったくバイクに興味がなさそうな人にはしないでしょう。この人なら話を聞いてくれそうだ、という人に向かって言うわけです。私が、興味がありそうな人をあらかじめ選んでいるのです。

また、いつ、どこで、何を、どんなふうに伝えるか。どんなチャネルにするか、どんなメッセージングにするか、といったＴＰＯも意識しながら最適化しようとします。

その人に合った場所で、あるいはメディアで、その人に合った平易さで、その人の都合のいいタイミングで伝えていくのです。「あのバイクのニューモデルがよくてさ」などという話は、仕事の真っ最中や会議中にはしないわけです。しかし、メール広告やＤＭ（ダイレクトメール）

は、仕事中や会議中にひっきりなしに入ってくるのではないでしょうか。

すごくピリピリしたメールをやりとりしているときに、無神経な売り込みメールが差し込まれてきたりすると、すぐ削除したいと思いませんか。送り主のイメージも下がるでしょう。

TPOすらわきまえて、情報が拡散されていくのが、コミュニティマーケティングです。だからこそ、効果が維持されるのです。

コミュニティは「自分ゴト化」させやすい

先に、「認知」「自分ゴト化」「案件化」そして「利用開始」というマーケティングの一連の流れ（ファネル図＝70ページ）をご紹介しました。

コミュニティが効くのは、まずは「利用開始」の前の「これはいいに違いない」と思ってもらうところ。「自分ゴト化」させるところです。

「自分のまわりのエンジニアがみんないいと言っている」

「同業者はみんな使っているし、AWSを使ったほうがいいんじゃないか」

という流れができるのが、コミュニティの力です。

そして「利用開始」の後にも、「これくらいしか今はできていないけど、こんなもんだっけ、

ＡＷＳって？」と思っている人に、ＡＷＳを使い倒している人が「どうしてここも使っていないの？」「これを使うともっといいですよ」と伝えたり、「思ったほどコストが安くならない」と感じている人に、「えっ、この使い方を知らない？　すごく安くなるよ」と教わったり……。

コミュニティが、**チャーンレート（解約率）を下げ、LTV（ライフタイムバリュー＝顧客生涯価値）を上げていくことになる**わけです。つまり、「自分ゴト化」してその気になるところと、「使い続ける」ところの両方に作用するのです。

コミュニティの大きな利点は、情報が適切な人に適切な粒度で届けられることです。実際に使っている人、それに近い人に情報が届く。ウェブのエンジニアなら、ウェブのエンジニアに届く。経営者なら、経営者のまわりに届く。ＣＩＯなら、ＣＩＯのまわりに届く。

適切な人を「その気にさせる」という力が、コミュニティは高いのです。これがないと、誰をどうやってその気にさせるかわからないので、とにかく知名度を取りに行ってしまう。「認知」に走ろうとしてしまうのです。これでは、お金がかかって仕方がない、というのは先にも触れた通りです。「Amazonがクラウドをやっているのは、わかった。でも、オレはそれを使う必要があるのか？」というリンケージができないのです。

そもそも、この「自分ゴト化」させるところが、マーケティングではもっとも難しいところです。マスマーケティングやマス広告は、ターゲットにリーチまではできますが、それが自分に関係があると思ってもらえるかどうかは、ほぼクリエイティブにかかっていますし、そんないいクリエイティブはなかなかベンダーではつくれません。

事例紹介などできれいなストーリーを書いても、「ＰＲ」と書いてあるだけで、提灯記事だと思われてしまう。それを、同じ立場の人が「使ってみたらよかった」というと、「耳が開く」のです。それが、コミュニティの強みなのです。

逆に、コミュニティがない状態で、どうやって「自分ゴト化」させるのか。

考えてみると、それはとても難しいことに気づきます。どうやったら、その気にさせられるか。会ったこともない、知らない人に、その気になってもらうのに、どんなやり方があるか。

今までは、そこが難しいので、「認知」を増やそう、とマス広告を拡大させていったのです。「自分ゴト化」はコントロールできない、という理解だった、ともいえます。

もしくは、何かのオマケで釣る。たとえば、初めて使ってくれたら、申し込んでくれたら「××を差し上げます」など。こうした手法もまったく効果がないわけではないものの、やはりＬＴＶを上げるのには適切ではありません。

それは初回が無料だから、オマケがあるから使ってみたのであって、よほど商品力が強く、その価値がすぐに体感できないかぎり、無料の期間中にサヨナラしてしまうでしょう。

逆説的ですが、SaaS（サース＝Software as a Service）のフリーミアムがうまく動いているケースは、「業務で必要なもの」を無料で提供されているうちに、他の選択肢がなくなってしまう、というときであり、必要ないと思われているものを無料で提供しても、長続きしません。

コミュニティマーケティングの強みは、「その気にさせる」のと「長続きさせる」の両方を持っていることなのです。

コミュニティで交わされるメッセージの強さ

コミュニティマーケティングというと、言葉だけが先行した、新しい施策のようにも見えますが、これは**お客様に徹底的に向き合える本質的なマーケティング手法**だと私は感じています。

「お客様がおっしゃっていることを、他のお客様にも気づいてもらう」

「お客様がお客様を呼んでくださる」

これが、コミュニティマーケティングの本質です。ビジネスの根源的なものであり、その意味で原点に回帰している。大学時代に、マーケティングのゼミの指導教授に教わった「顧客が誰か」に向き合うことを、まさに実践できる手法だということです。

今まで、こうした手法として知られていたものに、「クチコミマーケティング」があります。

ただ、ＢtoＣには通用しても、ＢtoＢは無理だというイメージがありました。その常識を打ち崩したのが、ＡＷＳでの事例だと思います。

マーケティングの教科書では、「ＢtoＢの製品選定は合理的なはずである」と教えられます。同じ機能であれば、価格が安いほうを選ぶはず。価格が同じだったら、機能が高いほうを選ぶはず。そんなふうに教えられてきました。

しかし、実際の調達や製品選定は、そう単純ではないのです。ＢtoＢの製品選定は、実はエモーショナルな部分が多い。ベンダーの声よりも、使っている人の意見にこそ耳を傾ける。だから、他のお客様の声を聞いてもらうのは、大いに効くのです。

それは、影響力のある人をコミュニティのリーダーやメンバーに入れる、ということではありません。「インフルエンサーマーケティング」も同様ですが、すでに大きな影響力がある人やインスタグラム（Instagram）でたくさんフォロワーがいる人に、商品について褒めてもらったり、つぶやいてもらおう、とするのは、私からすると、従来のマスマーケティングと変わりません。

＊フリーミアム（Freemium）＝無料のサービスや製品を多数のユーザーに提供し、高度な機能や特別なサービスについては料金を課金して収益を得るビジネスモデルのこと

なぜなら、影響力のある人やインフルエンサーにお金を払っているからです。それは、メディアやチャネルを買うのと同じこと。インセンティブを与えるのも同じです。

写真をアップしてくれたら「いくら差し上げます」「ポイントを差し上げます」「××を差し上げます」……。

お金のために、ひとまず紹介すればいい。そこに、強い言葉が生まれるはずがありません。本当にいいと思っているものでないと、説得力のあるメッセージは生まれないのです。

インフルエンサーマーケティングとの決定的な違い

逆に、頼まれてもいないのに「あれはいいよ」と言うときは、言葉に力があります。

インフルエンサーマーケティングは、コミュニティマーケティングと一見、仕組みは似ているのですが、最大の問題は強いメッセージが育つ仕組みがないことです。強い言葉が生まれないので、効果が持続しない。

影響力のある人なら、一時的には効果はあるでしょう。しかし、その力は消えてしまう。長く続かない。持続力がないのです。お金をもらわないかぎり、インセンティブがないかぎり、自発的には取り組みません。その人は、本当に好きでやっているわけではないからです。

お金をもらう仕事は、言われたときにツイートしたり、インスタグラムにアップするだけ。それは、マス広告と同じです。リーチはするけど、コンバージョンはしません。

コミュニティマーケティングは、それが拡がり続けます。コミュニティに加わるようなファンの人は、リーチする人は少ないけれど、相手が動くまで、しつこく言い続けます。

「あれ使ってみた？」「えっ！　まだ使ってないの？」「もったいないよ」……。

自分がおすすめしたものを使ってもらえるまで、言い換えれば、ボーリングのピンが倒れるまでやるのです。なぜなら、その商品やサービスが好きだから。しかも、適切なタイミングですすめていく。ベンダー側がお願いしているわけでもないのに、です。

ユーザー同士の会話ですから、そのうち「そうか、そこまで言うなら、じゃあ試しに1回、使ってみようか」ということになる。この「1回、やってみようか」「1回、買ってみようか」こそが、ベンダーにとってもっとも越えたいハードルです。

コミュニティマーケティングは、それをファンが自発的にやってくれる。リーチを主とするマス広告とは違い、「使ってくれる」人を増やすことにフォーカスできる仕組みなのです。

だから、コミュニティマーケティングで重要となるのは、影響力がある人や、インフルエンサーのような「リーチ力」の高い人ではありません。そうではなく、**商品やサービスに対して**

熱量を持っている人です。それが、コミュニティを盛り上げてくれる。逆にファンとしての熱量もないインフルエンサーをコミュニティの中核に入れたりすると、何が起こるか。

インフルエンサーは、たいていの場合、自身がインフルエンサーであることを自覚していま す。自分はインフルエンサーである、だから、周囲からいろいろ頼まれる。その力の源泉は、インフルエンス、影響力です。

コミュニティの中にこういう人が招き入れられると、最初は協力的なのですが、結局は自分のインフルエンスを高めるために、その場を消費してしまうことが多々あります。該当商品ではなく、「自分の売り込み」に専念し、それで終わってしまう。一番いいのは、名も知れないファンの人がたくさん集まって、少しずつその人たちがインフルエンスを獲得していって、この関心軸でインフルエンサーになっていくことでしょう。これは最強です。

したがって、始めるときにフォロワーが何人いるか、などということは、あまり大きな問題ではない。本質ではないのです。

なぜ、効率の悪いマスマーケティングが行われているのか

マスマーケティングについては、ここ数年、さまざまに取り沙汰されてきましたので、その

効果が落ちてきたことを認識している経営者やマーケターも少なくないでしょう。

それでも、相変わらず巨額の予算が掛けられ、マーケティングの構図もほとんど変わらないのはなぜなのか。私の理解はとてもシンプルです。従来型のマーケティングは数値で書けるので、社内稟議に上げやすいからです。「イベントで何人が会場に来ました」「集客は何人です」……。過去のデータをもとに、関係者なら誰でもはじき出せます。

これは70ページでご紹介したマーケティングのファネル図で言えば、一番上の「認知」ゾーンの話ですが、本当は「認知」よりも、下のゾーンの人たちにこそリーチしたいわけです。「自分ゴト化」し、「案件化」して「利用開始」してくれる人。買ってくれそうな人です。

本来、数字にすべきなら、ここでなければならないはずですが、この部分の数値化は難しいことが多い。とりわけ、個々のリード（案件）管理ができないBtoCの分野では、ほとんど数値化することができません。

そうすると、数値化しやすい「認知」の数に行ってしまう。その数値が大きければ、とりあえず自分が仕事をしたことになる、というロジックを積み上げてしまうのです。もちろん、過去もそうしてきたから、ということもあるでしょう。そして広告担当者は、「自分ゴト化」より下のファネルを見なくなっていきます。

大手の企業になればなるほど、社内では分業制が敷かれています。

広告の人、イベントの人、ウェブのSEO担当の人……。本当はそれらを束ねて、「買ってくれる人」のゾーンを大きくしていくのがマーケターの仕事のはずですが、機能分解されてしまっている。分解され、「認知」だけをねらうことが仕事になってしまうことも多いのです。

一つひとつの作業が結果に結びつくよう、機能が分解されたベルトコンベアーのようになっていれば、各自の働きに全体の数字がついてくるはずですが、あまりうまくいっていない会社が多い。それなのに、ベルトコンベアーやシステムそのものの改善ではなく、各自の作業精度ばかりが向上し、「自分の仕事はやった」と言って、全体に対しては責任を持たない人が増えている。

結果的に、出てくるものは、消費者が求めていないものだったりするのです。

先のマーケティングのファネル図で考えると、入口が多ければ、出口も多くなりそうな気がするかもしれません。しかし実際は、ファネルの各ゾーンを超えるところに大きなカベがあり、それぞれのカベの超え方が本当は重要になってきます。

つまり、私が言いたいのは、マーケティング予算を費やして、入口だけ大きくしようというビジネスモデルは、ちょっと効率が悪過ぎないですか、ということなのです。

目的が「とにかくブランド認知を上げたい」「自分ゴト化してほしい」ということであれば、たしかにマス広告は効きます。多額の予算をつぎ込めば、よくわからないけど、その社名を知っている、ロゴを知っている、という人を劇的に増やすというねらいは果たせるでしょう。しかし、それは相当に経済的な基盤があり、商品力が高いブランドや会社でないかぎりは難しいものです。それこそB to Bのような商品では通用しませんし、そもそも、そこまでのマーケットを持っていないからこそ、何らかの手を打ちたいと考えているはずです。

実際、多くの人が認知するくらいのマス広告を実施しようとすれば、10億円くらいは簡単に飛んでしまいます。売上の10％を広告に使えるとしても、単一商材で年間１００億円以上を売り上げるB to B商品などあまりありませんから、いかに難しいか、ということです。

マス広告を見ている人は、大半がお客様ではありません。私が決裁者だったら、B to Bでは、マス広告はもっとも避けたいものの一つに分類します。

だからこそ、コミュニティマーケティングのアプローチが有効になる。お客様が適切なお客様候補にリーチし、説得していくモデルだからです。ムダ弾が少なく、当たれば倒せる効果が高いモデル、と言ってもいいでしょう。

そして、初期の段階でしっかりコミュニティマーケティングのモデルをつくっておけば、あとは底抜けに可能性が拡がっていきます。

ところが、機能分解されたマーケティング担当、たとえばウェブマーケの担当者にコミュニティマーケティングの話をしても、なかなか会話になりません。「そこでウェブをどう使えばいいですか」「自分のファンクションをどう差し込めばいいか」という話になってしまいます。

一方で、コミュニティマーケティングのよさがわかる人も、だんだん増えてきました。従来のマスマーケティングの限界について話をすると、「いや、そんなことはない」と反論してくる人はほとんどおらず、むしろ「そうだな」とうなずかれることが多い。とりわけ、経営者やマーケティング全体を見ている人は、チャレンジのしがいがあるな、とピンと来るようです。

まずはファンを起点に、お客様がお客様に作用していくマーケティング全体のプロセスをつくってみてください。それに合わせて、必要な機能を持たせていけばいいのです。

重要なのは、発信された情報の量と質

マス広告や大規模イベントの効率の悪さがわかっていても、なかなか習慣を変えられないのは、「認知」レベルではなく、実際に「利用開始」したかどうかの計測が難しいからです。

コミュニティマーケティングの効果も計測が難しい点は同じですが、そもそも数値化することに危険がある、ということにも留意が必要です。

日本では人口減少により国内マーケットが縮小していく中、売上げを上げることはますます

難しくなっています。ヒト・モノ・カネでいえば、広告予算を青天井でどんどん増やせる会社はまずないでしょう。人手不足の時代に、営業マンを増員して売上げを上げる、というのもあまり現実的ではない。ヒトとカネでは、なかなかうまくいかないわけです。

そうなると、**扱うモノを変えるか、やり方を変えていくしかありません**。そこで、コミュニティマーケティングについてレクチャーしようとすると、ここからがまた、ひと苦労です。

相手「よさそうですね。で、それは、おいくらなの？」
私「いえいえ、お金を積んでもできないんです」
相手「……」
私「それと、これを実行するための人的な投資と、半年から1年、2年と見るための時間的な投資が必要になります」
相手「効果は、どうやってわかるの？」
私「基本的に結果の計測は難しいんです。どのお客様がコミュニティをきっかけに購入に至ったか、全部トラッキングすることはできないですよね」
相手「……」

繰り返しますが、数字にこだわる人は、ちょっと受け入れにくい。「あるべき結果」を掲げないと周囲を納得させられないから。それでも、方法がないわけではありません。

コミュニティがその役割を果たしているかどうかは、実は計測することができます。たとえば単純に、コミュニティを構成する三角形（マーケット）の面積がどれだけ大きくなったか。ミートアップの回数や、参加者の増え方はどうか。こうした拡がりを捉えていく。もう一つは、ミートアップに来ている新規参加者が何％いるか。私が見ているかぎり、毎回40％から60％くらいの新規の参加者が来ていると、順調にグロースしている、と判断できます。

逆に、毎回同じメンバーでミートアップが行われていたりするようでは問題です。まったく拡がっていないことになる。むしろ、誰かが入るのを排除しているのではないか、ということになってしまいかねません。

コミュニティマーケティングでは、**クローズドな場をつくりたいわけではない**のです。

コミュニティを始めるときに「適切な人だけでスタートする」ために、立ち上げ期にクローズドな場を何回かつくる、ということはありますが、いざ拡大期となれば、新しい人がどんどん来ていないといけません。オフラインのミートアップの場合、「来たことのある人」が半分以下というのが、私からすると健全です。一見、リピーターが少なそうに見えるかもしれませんが、毎回来るという人はむしろ少数で、1回目に来て次は3回目に来る、という人が多いからです。

さらに重要なことは、**コミュニティからどれくらい情報が発信されたか**、です。集まることは目的ではない。それはトリガーであって、そこから「製品の評価」や「使い勝手」についての情報がどれくらい外に発信されていくかが重要なのであって、ツイートやブログの数を計測するという方法も効果を図るうえで有効です。

そうすれば、購買や利用開始につながる情報量が増えている、ということが言えます。

ただ、その結果として、誰がどのくらい利用開始したのかは、今のところは追いきれません。

しかし、気づいておく必要があるのは、実は今のマス広告でも、それは追っていないじゃないか、ということです。広告をやって、どのくらいインプレッションがあったか、何クリックがあったか、はわかります。しかし、その人が買ったかどうかは、一部のデジタルマーケティング以外ではわからない。広告の多くは実は結果測定できていないのです。

私もAWS時代にいろいろな広告に出稿しましたが、交通広告やメディア広告が販売にどの程度つながったかは、計測しようがありませんでした。

数字だけでモノゴトを判断することの危うさ

デジタルであれば、計測できる、だからその数字を使う、という声も聞こえてきますが、そこには危うさがあります。

たとえば、ＡＷＳの場合、エンジニアの担当者が何度かＡＷＳのサイトに来て、いろいろな情報を見たとします。これはよさそうだと思って、アカウントをつくって使い始める。これは、すべての工程を追跡できる可能性があります。

しかし、情報システム部長がいろいろ調べて、「ＡＷＳで行くしかない」と部下を呼んでアカウントをつくらせる。このとき、誰がターゲティングすべきお客様、でしょうか。

実際のところは、情報システム部長のようなビジネスディシジョンメーカーに「うん」と言わせたほうが早いのです。しかし、ウェブのトラッキングは、アカウントをつくる人がその前にどういう振る舞いをしていたかを見るだけのもの。だから、デジタルマーケティングも、厳密にいうと、ＢtoＢは本当の意味でのトラッキングが難しい。逆に、トラッキングが取れたとしても、それで勘違いしたら危ないのです。

私自身の経験でもこんなことがありました。広告を見た人が、どれくらい実際に使い始めたか、がＡＷＳの広告運用で絶対的な指標になり始めたことがあったのです。

そうすると、「使う寸前」の人にリーチする広告投下が大きくなっていきます。サイトに何回も来ていて、もうすぐ利用開始しそうだと思われる人をターゲットにする。デジタルマーケティングはターゲティングが得意ですから、そこをターゲティングして広告を投下するわけです。

そうすると、実際に広告経由の利用者獲得数字が上がったりする。ほら、やっぱり効果あるじゃないか、と。しかし、このターゲットに広告を集中投下するということは、本来リーチして説得をしなければいけない、ディシジョンメーカーのような人たちに対する広告予算は減らさざるを得ない。

その結果が、3か月後、6か月後に現れ始めます。ウェブサイトに来る新規の人の数が大きく減り始めたのです。一方、ターゲティングした層の数値は変わらずよかった。実は、ここは追わなくてよかったということです。何もしなくても、ある程度は呼び込めるゾーンだった。広告が要らないわけではないものの、すべてを投下する必要はありませんでした。

必要だったのは、いつも来ている人ではなく、きっかけがないとサイトを見てくれない人、とりわけディシジョンメーカーをサイトに誘導することだったのです。

こういうことは、マーケティングファネル全体をしっかり見ていないとできません。

追うことのできる数字、追える数字だけがＫＰＩ（重要業績評価指標）になると、こういった極端なことが起きます。この数字さえ大きければ、ということになる。広告のＰＶ（ページビュー）数も同じでしょう。しかし、それがすべてではないのです。これが、「追える数字だけをＫＰＩにする怖さ」です。

重要なことは、**常にマーケティングの大きなファネルに立ち戻ること**です。そして、現場を知ること。お客様がどうやってそれを買うのかを知っていれば、その危うさに気づくことができます。そのＫＰＩが上がれば、本当に全体の売上げが上がるのか。それを俯瞰して見ることが必要なのです。

成果を上げている第三者を巻き込む

もし、あなたが本気でコミュニティマーケティングに取り組みたいのなら、直接的な売上貢献を数字で説明しにくいというだけで、提案をためらうべきではありません。

ここが重要なところなのですが、コミュニティマーケティング全体にかかる投資金額はとても少ないのです。それをしっかり説明したうえで、効果を出すまでにある程度の時間はかかることを、上層部には伝えておく必要があります。

ですから、実際にはただ稟議を通すよりも、上層部にきちんと説明をして合意をとるプロセスをとったほうがうまくいくと私は思っています。ボトムアップより、先に意思決定者に知ってもらう機会をつくることのほうが、コミュニティマーケティングを継続するうえで重要なのです。

昨今、たくさんの会社がコミュニティマーケティングに関心を持ち、実際に始めるところが増えてきています。ＡＷＳや、後にご紹介するサイボウズ（１９９ページ）のように、コミュニティマーケティングで成功しているケースが増えているからです。

それこそ「成功モデルにならって当社でもトライします」と言って始める担当者も多いようです。ただ、そのときにこそ、**コミュニティマーケティング的なやり方で社内合意をとるほうがスムーズ**だと思います。

具体的には、自分から稟議を上げる、つまり自分でコミュニティマーケティングをやりたいと説得するだけではなく、社外の誰かにコミュニティマーケティングの有効性について語ってもらうのです。私自身も、そうした社内の講演会によく呼ばれ、ＡＷＳがどうやって成功したのか、話をしています。

実のところ、ボトムアップで稟議を上げても通らないことが少なくないようです。

そこで何が起こっているかは、容易に想像できます。会社の上層部からすると、「若造がコミュニティなんかにかぶれて、何か言っているようだが、そんなものでうまくいくか。それより他にやるべきことがあるだろう……」となってしまうケースです。

それは担当者が自分で提案を上げてしまうからです。そこで、機転の利く担当者は、自分から言い出すのではなく、第三者に話をさせるわけです。「コミュニティはこうつくるといい」「マーケティングファネルでみると、こういう効果があります」と言わせる。

そうすると、出ていた経営トップが、「なるほど。これはいいじゃないか。うちでもやったほうがいいんじゃないの」というようなことになるわけです。担当者から話を聞くのではなく、第三者から話を聞く。まさに、「誰から聞くか」という話です。

経営陣からすれば、外部で実践して成果を上げている人には「信頼」があります（残念ながら、社内の担当者を「信頼」できる上層部は少ないようです）。ＡＷＳでやった人、実績を上げた人、ならば、話は聞ける。しかし、同じ話でも「社内の若造」が言っていることはそうそう聞けないわけです。

幸い、私のまわりでは、CMC_Meetupの参加者を中心に、「コミュニティマーケティング、いいですよ」「コミュニティマーケティングでこうした実績ができました」と言える人が、他にもたくさん出てきています。

コミュニティマーケティングを始めてみたい企業の担当者は、こういう人たちに相談するとよいでしょう。その人たちに「社内説得」をしてもらい、自分は「具体的実行計画」について話をするようにする。そうすることで、よりスムーズに合意をとれると思います。

信頼する筋から「すごくいい仕組みだからやったほうがいいよ」と聞けば、「じゃあ、やってみようか」となりやすい。まさにコミュニティマーケティングのメカニズムそのものです。

ソーシャルの起点も、実はオフライン

コミュニティマーケティングは、以前からあるクチコミと似ている部分が多いのですが、今のいわゆるクチコミが、かつてと大きく変わったことがあります。それは、SNS、ソーシャルネットワークが、クチコミの力を飛躍的に増大させた、ということです。

ソーシャルでは、リツイートなどで一気に情報が拡がっていきますが、最初にシェアしたりするとき、実は発信者と面識がある、知人同士であるケースが圧倒的に多い。ネットだから、会ったこともない人の情報が拡がっていくイメージがありますが、実はオフラインが起点であることが多いのです。

昔から、クチコミは大きな効果を持っていました。わかりやすいのが、井戸端会議です。近所の奥さま方が集まって、「あれはいいわよ」とやる。これには、圧倒的な影響力があった。

ただし、かつての井戸端会議は「地域」という軸のコミュニティでした。好きでも嫌いでも、井戸端にいないといけなかった。井戸端にいないと情報が得られなかった。

今はインターネットの登場で、その「地域」という軸が外れました。「地域軸」ではなく、「関心軸」でクチコミができるようになったのです。そして地域に依存しないので、拡がりも大きく、より多くの人が集まりやすくなったのです。

そしてここで決定的な役割を果たしたのが、ソーシャルメディアでした。

個人の発言力がデジタルによって強烈に拡散される。これは、クチコミのデジタライズといってもいいかもしれません。だから、影響力がある人は、さらに多くのフォロワーを束ねて、拡散する情報の発信源になっていく。

個人の意見が、まわりの賛同者、近しい人を介してグッと拡がるような流れができているのが、ソーシャルネットワークによるクチコミです。むしろ今は、クチコミを使わないと耳に届かない。広告よりも、クチコミのほうが先に耳に届いたり、耳を開けたりします。

ソーシャルネットワークは、マーケティング上、大きなインパクトを持ちました。ただし、勘違いをしてはいけないのは、ソーシャルネットワークは、匿名のネットワークではなく、知っている人のネットワークから始まっている、ということなのです。

拡散する第三者は匿名でもハンドルネームでもいい。でも、最初はお互いを知っている、発信者が誰なのか、わかっているところから始まります。だから、「あの人の話はいいな」と盛り上がり、拡散していくのです。

つまりは、ソーシャルネットワークは「リアルの写像」だということです。リアルできちんとネットワーキングできる人が、ソーシャルネットワーキングもうまくできるのです。例外的な人もたまに見かけますが、多くの場合はこの関係が成り立っていると私は思います。

だから、ソーシャルによってクチコミが大きくなったというよりは、クチコミ力が大きい人が、ソーシャルでエンパワーされた、と考えるほうがわかりやすいかもしれません。

そういう人は、もともと、オフラインでも、モノのすすめ上手だったり、目利きだったりする人のはず。ソーシャルで、いきなりそうなったわけではないのです。

リアルな世界で自分の目利き力に無自覚だった人が、ソーシャルの反応からそれを自覚するようになる、ということもあり得ると思いますが、その場合も、その人にはもともと目利き力があった、ということになります。単に自覚があるかないかの問題です。

クチコミの力を拡大していく「関心軸」

もう一つ、ソーシャルネットワークで重要なのは、クチコミの力を倍加、拡大させていったのは「関心軸」である点です。アウトドアの話、バイクの話、ＩＴの話、政治の話など、同じ関心を持っている人の間で拡がりやすくなります。

昔は、クチコミが（有名人でもないかぎり）ここまで拡がることは難しかった。「私はこんなことに関心があるんですが、誰か関心ある人いますか」と雑誌に投稿してみたり、駅の掲示板に「バンドメンバーを求む」と書いたりするしかなかった。銀行の掲示板や公民館の掲示板など、地域的な場でしか拡散力がなかった。そこにいる人にしかリーチできなかったのです。

これが、デジタルになったことによって、「地域」という制約から解放されました。しかも、情報の複製、拡散のスピードが速くなった。リアルな掲示板はシェアされませんが、ソーシャルネットワーキングなら、すぐにシェアされます。

こうして、地域軸よりも関心軸のコミュニティのほうが大きくなり、拡散力も強くなりました。その結果、その関心軸でスキルや知識を持っている人は、より多くの人から見つけられ、エッジが立っていくことになります。

逆に、「自分はたいしたことがない」と思っていたら、関心軸の中で「すごい」と驚かれたことで自信を得ることができたりもします。そうすると、ますます頑張る。見つけられ、承認される機会が増える。そしていい意味でエッジが立ってくると、コミュニティの中でますますリスペクトを得るようになる。これが、うれしいわけです。

同じ関心軸のものが好きな人の中で、どんどん認められていく環境がつくられていく。こうしてソーシャルネットワーキングは、さらにレベルアップしていきます。

「あの人、すごいな」と思える人を目指す人＝フォロワーが出てくる。

「あんなふうになりたいな」という人＝リーダーが醸成されていく。

人は、必要とされているから生きていける。「あなたが必要だ」と言われたら元気になります。**コミュニティは、自分がまわりから見つけられ、認められ、承認されていく場になる**のです。

そうした承認欲求が満たされる機会が増えていく。この効果が最大化されるのが、ソーシャルネットワーキングの利点です。そして、それはそのままコミュニティマーケティングの利点にもなるのです。

コミュニティによって拡がる自分の可能性

コミュニティマーケティングがここまで拡がってきたのは、ベンダーのみならず、コミュニティに参加する個人にとっても大きな魅力があるからです。

コミュニティに参加することで、自分のスキルや知識について価値を認めてもらえたり、称賛してくれる人ができることで、結果的に、コミュニティの外でも見つけてもらえる機会が格段に増えます。さらに、複数のコミュニティにまたがって活躍できる人は、より多くの人に見つけてもらえるようになります。

たとえば、ＡＷＳというクラウドコンピューティングのコミュニティで頑張っている人が、オンライン決済の知識も少し持っているとしましょう。そうすると、「クラウドを知っていて」かつ「オンライン決済もわかる人」ということで、見つけられる関心軸も拡がり、その中での希少性（両方できる人は希少性が高くなる）が増します。

コミュニティに属する何よりの利点は、この「見つけられる」ことです。それこそ、仕事のオファーや転職のお誘いをいただく可能性も高くなる。次のキャリアが拓きやすくなる。たくさんのコミュニティにいたほうが、いろいろな人に見つけられやすくなるのです。

チャンスに出会う可能性が高くなる

私は今「Stripe」というオンライン決済のプラットフォームのエバンジェリスト（啓蒙・普及などを担う立場）ですが、このStripeでのコミュニティ立ち上げ期にサポートをしてくれた人は、ＡＷＳのコミュニティの人がけっこう多い。オンライン決済のコミュニティにJAWS-UGの人がたくさん関わってくれたのは、「決済」が重要なキーワードだったということに加えて、新しいコミュニティだったことも大きいと思います。

早めにコミュニティの立ち上げ側にまわったほうが、コミュニティを構成する三角形の上のほうにいられることをよくわかっているからです。その分野でより多くの人とつながれますし、自分で聞きたい話があれば、テーマ設定もできる側にまわれる。もちろん、時間も費やすことになりますが、得られるものが大きいことを十分理解しているのです。

だから、とりわけコミュニティ経験者は、新しいコミュニティにも進んで運営側にまわる人が多いのです。ＡＷＳのコミュニティでも、そういう人が多いですね。

そして、すぐに仲間を集めて負荷分散を図る。ひとりでやるより、複数人でやるほうがコミュニティの開催頻度も上げられ、テーマの幅も広く、深くすることができる。なにより、コミュニティの成長速度が速くなります。

立ち上げもするし、サポートもするけれど、一緒にやる仲間を常に見つけるようにしている。それは、これまでのコミュニティ活動からの学習であって、**いろいろな関心軸でネットワークを拡げ、深めて、それをまたチャンスにつなげていく、**わけです。

興味深いのは、見返り先行で、彼らがコミュニティを拡げようとしているのかというと、必ずしもそうではない、ということです。コミュニティに貢献した結果、いいキャリア形成につながることが多い、ということで、まずは「貢献」が先に来ているのです。

少なくとも、コミュニティに「貢献」しないまま、多くの人に見つけられるようになることはほとんどありません。**次のステージに行ける可能性は、コミュニティへの貢献度と比例**します。そのためには、コミュニティの初期から参加していたほうが、そこに到達しやすい。だから一度、その経験をした人は、進んでそれをやることが多いのだと感じています。

とはいえ、「直接的な見返りだけを求めて、会社の製品や自分自身の売り込みに来る人もいるんじゃないの？」というギモンを持つ人も多いかもしれません。そういう人の「狩場」にコミュニティの場がなってしまうことを心配する声です。

もちろん、そうした人がまったくいないわけではないのですが、多くの場合、そのような人や企業はコミュニティに受け入れられなくなり、最終的には自ら去る場合がほとんどです。

それは、コミュニティに貢献しない人や企業に対して、他の参加者がリスペクトや関心を払わない（むしろネガティブな反応をする）ので、結果的にはコミュニティから得られるものがないということになるからです。まずは**「貢献」「ギブ」から始める**、が鉄則です。

コミュニティや勉強会が最先端の学びの場に

個人がコミュニティに関わる魅力について、よりわかりやすいのは、コミュニティや勉強会が、最先端のラーニングの場になっていくことです。

たとえばクラウドの場合だと、ユーザーが知りたいのは、機能というより、「これはどんなふうに使えばいいのか」「どんなときに使うと効果があるのか」といった話です。

しかし、こうした話はベンダーが発信する情報にはあまりない。こういうことができる、という機能は書いてあっても、「こんなシーンで使えます」「ここで使うとマズイ」といった運用に関するノウハウは、実際に使っている人でなければ、なかなかわからないからです。

JAWS-UGコミュニティがあれだけ盛り上がったのも、私はクラウドが持つ「スピード」と「ボーダーレス」があったからだと思っています。クラウドはこれまでのＩＴ技術と異なり、サービスの進化のスピードが圧倒的に速く、また、そのカバーする範囲も従来の範疇では区分できないほど急拡大したという経緯があります。

たとえばハードウェアであれば、モデルチェンジするサイクルは、それなりの時間がかかります。自分の知識を大きく変えないといけないくらいの変化は、そうそう頻繁にやってくるものではありませんでした。型番は変わっても、マニュアルで対応することができます。

ソフトウェアも、従来のメディア配布型のソフトウェアだと、マスターを焼いて、リリースして、というサイクルになるので、私がアドビにいたときには、大きなアップデートは1年に1回できるかできないか、でした。それこそ、1年に1回も大きなアップデートをしていくと、「またアップデートするのか」と逆にユーザーから怒られてしまうような状況でした。

つまり、進化のサイクルがゆっくりだったということです。しかも、あらかじめ予定されていた。いついつにこういう機能が出る、と。だから、準備もゆっくりできたのです。

新機能が説明されたテキストも用意されていて、それを見ながらラーニングしていく余裕もありました。しかし、クラウドによって状況は、がらりと変わりました。

AWSは今、年間で1000以上のアップデートがあります。世の中に公表するアップデートだけで、これだけあるわけですから、その裏で改良されたりしているものを含めると、すさまじい数のアップデートが日々行われているのです。

どうしてこのようなスピードが実現できるかというと、ハードウェアの制約や、ソフトウェアの配布が不要になったからです。クラウドベンダー側で実装できるものは、どんどん実装される。ユーザーはその実装されたあとの新機能を使うだけでよく、使った人からのフィードバックで、また新しい機能が追加されていく。

そうなると、「この画面を見て、こんなふうにしてください」というスクリーンショットを印刷して行うトレーニング説明では、まったくこのスピードについていけなくなるのです。最先端の情報は、紙にはなかなかまとまらない。なぜなら、日々変化しているからです。

それをすべて追いかけることは難しい。そこで一番ありがたいのは、実際に使っていて「要するにここはこうやっておけばいいんだよ」「これをこう触るといい」「ここの変化は気にしなくていいよ」と、**ポイントを要約してくれる人の存在**なのです。

年間1000以上のアップデートを個人で追うのは至難の業ですが、同じような仕事をしている人をフォローしておくと、その中でどれを押さえておけばいいのか、にも気づくことができる。すべてのアップデートを追う必要がないこともわかる。

それこそ、英語の辞書を読んだところで、英語はうまくなりません。レストランに行ったら、こう話せばいいよ。ビジネス会議では、こう話したらいいよ。こうした用途別のフレーズのほうが役に立ちます。

コミュニティは、言ってみれば、それぞれのエキスパートを見つけてフォローしておくことで、必要な「フレーズ」を学ぶことができるのです。そして時には、「自分はこんな使い方をしている」と発表したりすると、「その場合はこうだよ」と反応されたりして、ますます自分に情報が集まってくるようになります。

つまり、**誰かが1から10まで教えてくれる時代は終わった**、ということです。そんなことができるような時代ではなくなった。仮にできたとしても、整理するのに時間がかかりますから、下手をすると教えてもらえるときには2周遅れ、3周遅れの情報になってしまう。

その間も、他の人はコミュニティで学び、どんどんアウトプットし、まわりの人からフィードバックをもらって常に進化していくことができる。

あらゆるものがクラウド化している今、コミュニティにいないと、（特にＩＴの）最先端の情報はキャッチアップできないのです。

もっと言えば、コミュニティに出ないで、どうやって機能のアップデートや運用方法を学ぶのか、という時代になっているのです。

最前線を見ておかないと生き残れないのではないか、という恐怖にも似た感覚は、すでにエンジニアの間には拡がっています。

しかし、コミュニティを通して会社組織の「外」を見たことがない人には、それもわからない。どれくらい世の中が進んでいるかも、わからないでしょう。

実際、２０１９年になっても、クラウドはまだ自分には関係ないと思っている技術者やビジネスパーソンもたくさんいます。

ただ、（『クラウド化する世界』で引用されていた）工場から発電機がなくなったように、突然、会社から電算室やサーバールームがなくなるかもしれない。そうなったら、それから学ぶ、という方法もあるかもしれませんが、そのとき同時にクラウドをわかっている人材を会社で採用されてしまったら、どうするのか。

外で何が起こっているのかを知らないのは、極めて危険なのです。

会社のラベルより、「個」が大事になる時代

コミュニティに貢献していると、外から見つけられやすい「ラベル」がつくようになります。これまでは、「所属会社の誰々さん」というのがもっとも大きなラベルでした。ところが今は、「ＡＷＳのコミュニティの誰々さん」「サイボウズのコミュニティの誰々さん」「クラウドセキュリティと言えばこの人」「マーケティングと言えばこの人」と関心軸ごとのラベルのほうが先に立つ人が増えてきています。

私は、こういう人たちのほうが、これからは生き残れると思っています。なぜなら、会社はいくらでも替われるからです。極端に言えば、ＡＷＳのクラウドにもっとも詳しい、というポジションにいる人なら、勤める会社はどんどん替わっていってもいいでしょう。

実際、JAWS-UGでは、会社の名刺ではなく、個人の名刺を持っている人が多かった。自分で個人名刺をつくっているのです。もちろん、会社の名刺の人もたくさんいますが、そこにあまり意味はありませんでした。会社の名前が権威を持つことは、JAWS-UGコミュニティではまったくなかったからです。

繰り返しになりますが、コミュニティで称賛されるのは、いいアウトプットや貢献をした人です。そういう人は「すごい」と言われますし、「オレもあんなふうになりたい」と思われます。

そこに、勤め先などまったく関係ない。むしろ、会社名は誰も気にしていません。

かつて日本では、「××社の誰々さん」というのが最大のラベルだったわけですが、すでに逆になってきています。少なくとも、コミュニティ軸では違ってきている。実際、勤めている会社の名前を知らない人も多い。語らない人も多い。

会社名を、その人の説明に必要としなくなってきているのです。その人が言っていることにこそ価値がある。逆に、「この人をうまく使っているのは、あの会社なんだ」と捉えられることもあります。

あくまで、人が主なのです。会社でかさ上げされない。真にその人の実力で評価されている。そんなのは技術者のコミュニティだけではないか、と思う人も多いかもしれませんが、実際はマーケターや起業家の集まりでも起きてきていることなのです。

コミュニティというのは、多かれ少なかれ、こうなるはずだと思っています。なぜなら、会社や組織が「関心軸」になることは極めて少ないからです。

このコミュニティで起こっていることと対照的な場が、業界団体です。

業界団体では「××社から来ています」のように所属している組織が大事になりますが、コミュニティは個人が主体。その人の所属は、ラベルとしてほとんど力を持ちません。

それをわかっているので、みんな個人名刺を持つ。これには、もう一つ理由があって、会社の名刺には、自分のソーシャルアドレスや個人メールアドレスが入らないからです。

交換したいのは、会社のメールアドレスではなくて、普段自分に連絡がつくアドレスなのです。それを会社の名刺に入れられないから、個人名刺ができているのです。こっちに連絡してください、と。会社に連絡先を固定されると、辞めたときには連絡がつかなくなってしまう。

会社のeメールアドレスが、実はもっとも永続性がないのです。

だから、本当に人とつながりたいときには、会社の名刺はあまり意味をなさない。これは、終身雇用時代の終わりを象徴している現象かもしれません。そして、コミュニティでは個人が先に立ち、個人として外部から見つけられやすくなります。

それこそ、会社でＡＷＳを使っているけれど、個人でもＡＷＳのアカウントを持っている人もいます。むしろ、こちらの人のほうがコミュニティでは多数派でしょう。

そして、新機能などが出たら自分でテストしている。会社のアカウントでは申請をわざわざしないと新しい機能を触れなかったりする。それは時間もかかるし、何より面倒です。

そんなことより、早く新しいサービスを触りたい。会社が面倒なことを言うなら、自分でやってしまおう。そうやって、自分のポケットマネーでやってしまう。実際、できてしまう金額です。

そして、リリースされたその日に触って、結果こうでした、とコミュニティに投稿したりすると、「早っ！」「神だ！」となるわけです。これは、誰よりも早く触って、アウトプットしているからできることです。

しかも、まったく無理していない。楽しんでやっている。しかも自腹で、です。

「朝までかかって泣きながら書きました」なんてブログを書いたりする人もいるのですが、実際は泣きながら書いてはいません。その締め切り日は自分で決めているのですから。

「ＡＷＳの発表が多くて、もう死にそうだ」なんて書いている人も、実は楽しくて仕方がないのです。

楽しんでいる人が進んでアウトプットし、それが称賛されるのがコミュニティの力学です。

コミュニティを運営している人は、こうしたアウトプットの促し方や称賛の仕方が上手です。

「初めてブログに書いた」なんて人のアウトプットには、全力で拡散しようとします。

一方で、コミュニティからフェードアウトしていく人もいます。他のことをしたい、と去っていく人もいます。ＡＷＳ上のサービスで起業するので、そちらに専念する、という人もいます。それはまったくかまいません。

大事なのは、楽しんで「ギブする」「アウトプットする」人が増え続けること。それができていれば、コミュニティの新陳代謝が起こり続け、健全に成長していくのです。

コミュニティがキャリア形成、副業・複業を促す土台に

アパレル大手のファーストリテイリングから、エレベータ・エスカレータの大手メーカー・フジテックのCIOに転じた友岡賢二さんという方がいらっしゃいます。

彼がコミュニティの意義について、こんなことをおっしゃっています。

「コミュニティで認められて、クラウドにすごく詳しい、セキュリティにすごく詳しい、などのポジションができて、そのときそのときで最適な会社に替わっていくのが、これからのキャリアではないか」

上場会社のCIOの言葉です。私はとても共感しました。

クラウドやセキュリティといったものが、その人の能力やスキルの「軸」にあると、その能力が欲しい人や会社と、とても話がしやすくなるわけです。

30分や1時間の面接で、その人のスキルや人となりを評価するのはとても難しいことですが、コミュニティで評価が高い人であれば、その評価はかなり信用できるといっていいでしょう。

自分がどんな人物であるか、その信用がコミュニティによって、いわば保証・担保されている人が強い時代が、実際に来ている。もし、会社を替わる気がないとしても、その特異な部分で、副業のお声がけがかかるかもしれないのです。

余談ですが、私が世の中の「副業」でちょっと違和感があるのは、正業があって、それとまったく違った趣味を仕事にするのを副業と呼ぶ人がかなり多いことです。

たとえば、普段は会社員をしていて、週末はコーヒー豆の輸入業をやっている。それはそれでよいのですが、本当は自分が得意な領域、スキルを複数の会社に買ってもらうことのほうが、話は早いと思うわけです。そのほうが当然、年収も上がるしアウトプットもインプットも増える。しかも、相手にも喜ばれる。そのスキルが求められているわけですから。

そうした自分が持つスキルや得意技が、もっとも効率よく伝わっていく場がコミュニティなのです。JAWS-UGにやってくる人の中には、ＡＷＳをよく使える人や、わかっている人を探しに来ている人もいて、場合によっては、自社に引き入れたいと思っていたりします。

もし、転職する気がなかったり、他で仕事をもっているのであれば、「じゃあ、できる範囲から」という形で副業が自然に成立していく。これは、技術軸、関心軸のコミュニティならではのこと。コミュニティという存在がないと、１つの軸でたくさんの仕事を得るのは難しいと私は思っています。

能力の高い人をシェアリングするという選択肢

資金力が豊富な大企業ばかりではありませんから、能力が高い人の給料をフルタイム分、払えない会社もあるでしょう。そうすると、最近流行りのシェアリングエコノミーで、「この人の能力をA社とB社とC社でシェアする」という形がすでに出始めています（後で詳しく書きますが、実は私もそれに近い形で仕事をしています）。

シェアですから、フルタイムで雇うよりも安い。そして、雇われる側からすると、全部束ねると1社でフルタイムよりも高い。今までの1・5倍、2倍になる。こういうことがやりやすくなります。

もとより、こうならないと、複業（この場合は正・副ではなく、複数同時、という意味が正しいでしょう）の意味はないのではないでしょうか。同じ力を複数のところで使って、1社でのフルタイムと給与などが同じなら、1社でいいじゃないか、ということになってしまいます。複数を兼ねることでバリューが高まる形でなければ、やる意味が薄いと思うのです。

そのためにも、「この人にお願いしたい」というポジションに立つ必要があります。コミュニティで存在感がある人というのは、こういうポジションに行きやすい。「どうせなら、できそうな人に頼みたいし、来てほしい」と考えている会社とマッチングができるからです。こうした需給マッチングがされやすいのが、コミュニティなのです。

今までは、エグゼクティブサーチで、大金をかけてリクルーティングしていた分野にも、「コミュニティ採用」の波が拡がっていくでしょう。雇うほうも雇われるほうも、コミュニティを通じて双方にメリットのある雇用が拡がっていく、ということです。

窓がなく外が見えない船室にいるリスク

今、キャリアづくりでもっとも危険なことは、「外の世界」で何が起こっているかを知らないことです。たとえば、今あなたが大きな船に乗っているとしましょう。船底が岩礁にぶつかって水が船に入ってきていても、窓もない部屋で宴会をしていたら、まったく気づかないかもしれない。揺れがあっても、「ちょっと酔ったかな?」くらいに思い込んでしまうかもしれない。

そして、ドアからバシャッと水が入ってきて、初めて何が起きていたのかに気づくのです。

そのときには、もう逃げようとしても手遅れでしょう。

だから、いくら大きな船(=大きな会社、と読み替えていただいて結構です)に乗っていても、せめて窓のある部屋にいなければいけない。そして、ときどき甲板に出る。そうすると、「何かが起きているな」とか「船が揺らいだぞ」とか「沈没しそうだ」ということがわかる。しかし、窓のない、外が見えない部屋にずっといると、沈没していることにも気づかないかもしれない。

しかも、その船の中だけで「君は大丈夫」と評価されることにも気をつけなければいけません。船の外（会社の外）に出てみたら、まったくダメかもしれないわけです。外のモノサシを持たないまま、中の世界だけで生き残ることができる時代は、もう終わりつつあります。

実際、会社が副業はＯＫだ、と言い始めているのです。これは、これからは終身雇用しない（できない）ということだと私は解釈しています。「１社で一生面倒見られません宣言」です。

本来、多くの経営者は「自分の会社だけにコミットしてくれたほうがいい」と考えているはずです。なぜなら、そのほうが使いやすいからです。文句も言わずに、働いてくれるからです。異動でも転勤でも、何でもしてくれるからです。

私が「パラレルキャリア」を始めてしばらくした頃、ある大手企業の社長経験者が集まる場で話を聞きたい、と呼ばれたことがありました。そのときに言われたのは、「複数の会社に職があると、１社の解雇権限の力が弱くなりそうだ」という言葉でした。

私は昔ながらの経営者の本質を見た気がしました。解雇権限を持つことで、会社は従業員をコントロールすることができると考えていたのです。

そうすると、なおのこと、１社で働くことのリスクに気づかないといけない。永続的に今のポジションがあるわけではないし、組織があるわけではないのです。

自分がエンジニアでやっていくのであれば、エンジニアとしてどれくらいのところにいるのか、マーケターならマーケターとしてどれくらいのところにいるのか、営業職なら営業職でどのくらいのところにいるのか、**「会社の外」でベンチマークする場が必要**なのです。

そうやって社外の人たちと交わるのに、同じ関心軸のコミュニティは極めて有効です。それこそ営業にも、こういう場が必要だと私は思っています（最近は、JAWS-UGでも営業の方だけが集まるコミュニティができたようです）。飛び込みでどんどんやるのがいいんだ、という会社で育った人と、デジタルな会社で育った人では、生まれも育ちも違う。しかし、それぞれの環境やカルチャーで育っていると、それぞれのやり方が正しいと思っているのです。

重要なのは、中と外の両方を知っておくと、もっと高みに行ける、ということです。外を知る、ということは、視野を拡げるということであり、会社の中だけのモノサシでは見えてこない世界があります。

そして最先端のことを知るという意味では、クラウド以降の世界は変化のスピードが加速度的に速くなっていることを意識すべきでしょう。勉強会やコミュニティに参加しないとキャッチアップは難しいと思います。どんどん情報がアップデートされる時代。何かあってから対応する、というスタンスではもう間に合わなくなっているのです。

だから、早めに最近話題の関心軸のコミュニティや、自分が近しいと思っている関心軸のコミュニティに参加したほうが、世の中を俯瞰するセンサーが働くようになります。コミュニティのみんなが要点を教えてくれるのですから。

最近はコミュニティに取材に行くメディアも増えてきています。本当の意味での最先端は、コミュニティにあることに気づき始めたからでしょう。

JAWS-UGでも、コミュニティの人がメディアのレポートを書いたりしています。プロの記者が書くよりも読者に近い視点で書けるから、有益な情報になるということなのでしょう。

そしてコミュニティの人たちが自分が書いた、ということを内外に発信するため、メディアにとっても宣伝にもなる。実際に触っている人の記事ですから当然、バイラルしやすい。中身も正しく伝えられることが多い。メディアも、このパワーに気づいたのだと思います。

さらに、コミュニティのメンバーには、新しいチャンスが生まれます。外で認められ、有名になれば、見つけられやすくなる。もし、その人がコミュニティでアウトプットしていなければ、この立場には行けなかったはずなのです。

かつてメディアは、有名な会社や権威のある会社に話を聞きに行ったりするほうがヘッドラインを書きやすかったようですが、それも変わってきています。そうした有名な会社が必ずしも最先端ではない時代が来てしまったからです。コミュニティのフィルターを通さないと、もう「取材すべき会社」も探せなくなっているのです。

モノゴトの中心点が変わってきた、と言ってもいい。誰もが知っている大きな企業や組織に情報やモノが集まっていたのが、速く動く人たちのところに集まるようになった。組織の大きさや知名度、権威ではなく、動きの速さ、変化への対応力こそが重要になったのです。

この中心点の変化に気がつかないメディアは、相変わらず大企業や権威ある人にインタビューに行ってしまう。そうすると、世の中の動きや期待値からズレてしまい、「わかってないな」ということになる。

これが何回か続くと、そもそものメディアの情報が信用されなくなってきます。信用、信頼はメディアにとっての生命線なので、これは由々しき状況です。

とりわけ、テレビは早く軌道修正する必要があると思います。そうでなければ、今まで培ってきた資産が活かせない。せっかく大量の人に同時にリーチをし、バイラルさせやすいメディアなのに、「流している情報自体はたいしたことないね」ということになってしまうと魅力半減です。リーチ力があり、コンテンツにも力があり、信憑性がある、というのが今までのテレビのポジションでした。コミュニティ時代に入り、ここに疑問符がつき始めているのです。

第3章

COMMUNITY MARKETING

「コミュニティマーケティング」を成功させるための鉄則

コミュニティマーケティングは、熱量が人から人へ伝播していく仕組みです。やはり仕掛け人が熱くないと、なかなか周囲は動きません。私自身、AWSのファンでしたし、正しいことを、人々の役に立つことをやっているという強い自負があったからこそ、自信を持って人に伝えていくことができたと思っています。

現在、コミュニティマーケティングのコミュニティ（CMC_Meetup）を主催していますが、その場でコミュニティマーケティングにトライしているマーケターの人たちが口を揃えて言うのは、**「自分自身がその商材の一番のファンになっている」**ということです。

そうした熱い思いが担当者にないと、ファーストピンとなる熱量の高いファンを惹きつけることはできません。コミュニティマーケティングでは、マーケター自身が、本当に自分の商品やサービス、ブランドのファンであるか、が問われるのです。

私自身のことを振り返ってみると、アドビから転職したいと考えた大きな理由が、クラウドに関わることでした。先にも触れたように、これからは絶対にクラウドの時代がやってくる、と信じていたからです。

クラウドのコンセプトがこれからの世の中を変える、となれば、その先導役を務めたいと思ったのです。

自分が扱う商材を本当に信じているということ

今考えても、ＡＷＳは、「クラウド原理主義」的な立ち位置だったと思います。マイクロソフトのように、もともとライセンスのビジネスがあってクラウドをやっている会社とも違うし、Googleのように広告などの別の収益源があってクラウドをやっている会社ともちょっと違った。ビジネスとしてクラウドと相反する収益源やポリシーもなかったので、アクセル全開で市場を拡げる活動ができたのです。

だから、ＡＷＳはクラウドとして一番ニーズがあるところに集中することができた。技術的に先進的かどうかは、ＡＷＳにとってあまり大事なことではなかったのです。

どのくらいニーズに応えられるか、いくらで提供すれば、より多くの人が使ってくれるかというところで、サービスの粒度が決まっていました。

Amazon自身は、自分たちのことを創業時から「テクノロジーカンパニー」だと捉えています。一般には、ｅコマース（というよりオンライン書店）として始まった会社といったイメージが強いと思いますが、インターネットテクノロジーでビジネスをしたいというのが重要な立ち位置で、「オンラインで本を売る」というのが、その当時の一番合理的な選択肢だったというだけです。

かつて、東海岸で金融の世界にいたジェフ・ベゾスCEOは、インターネットのビジネスの伸びを見て、ここに賭けない手はない、と感じたそうです。

それがAmazonのスターティングポイントでした。

そして、いろいろ考えた挙句、eコマースがよいだろう、となったのです。

どうして最初に本という商材から入ったのかというと、物理的な本屋には必ず「制約」があるからです。蔵書数に限界があるし、本の探し方や選び方も決して便利ではなかった。だから、その限界を超えた仕組みをつくろう、と。

しかも、本はどこで買っても同じ価値を生み出します。知らないところで買うのは不安、ということもない。腐ることもありません。だから、本から始めた。本屋をやりたかったわけではないのです。

テクノロジーカンパニーを目指したけれど、目指したのは技術を売ることではありませんでした。**お客様のニーズを満たすために技術を使う**、という考え方でした。

キンドル（Kindle）はその象徴だと思います。読書体験をより便利に、と考えた結果がキンドルでしたが、他の電子書籍リーダーとは違うのです。

他のリーダーが、カラー液晶などに取り組む一方で、Amazonが考えたのは、読んでいるうちに文字に没頭できる環境でした。

軽くて、長時間使えて、疲れない。だから、液晶ではなく電子インクです。

海外の人は、特に海辺で本を読みますが、液晶は光の反射がきつくて見にくいのです。

その点、白黒の電子インクは、とても見やすい。お客様のニーズをきちんと特定して、それを改善するためにテクノロジーを使うのです。

AWSも同じでした。技術的に何か目新しいものを売るというより、実はITを必要とするユーザーが何より望んでいたものを「クラウド」として提供したのです。

さて、**自分の扱う商材を本当に信じているかどうかは、他人にわかってしまうもの**です。

それこそ、斜に構えていたりしたら、話にもならない。

一方で、あまりにも強引に自社の製品を売り込んでも、賛同者は集まりません。

自分の商品に誇りを持ち、愛することができる。本当にいいと信じている。その理由は……とスラスラと出てくる人に、フォロワーがついてくるのだと私は思います。

それはそのまま、コミュニティのファーストピンになり得るのです。

3つのファースト：オフライン、コンテキスト、アウトプット

コミュニティマーケティングをうまく実践するためには、コツが3つあると私は考えています。それを「3つのファースト」という言い方で表現しています。

オフラインファースト Offline

まず、「オフラインファースト」です。インターネットやソーシャルネットワークなど、爆発的な拡散力を持つ情報メディアがすでに世の中にある時代ですが、最初に熱量を伝えて方向づけするのは、やはりリアルな場で対面して行うのが一番だと思っています。

オフラインのほうが、初速がつけやすいのです。たとえば、30人ほどのファンの人がいてくれるとして、彼らの目の前で「この商品のどこがよいと思っているか、その思いをぜひツイートしてください。ブログに書いていただくのも助かります」と熱心にお願いすると、だいたい2～3割の人が実際に行動してくれます。

一方、30人のファンがいるFacebookグループがあったとして、そこに、オフラインでの接点も何もないまま、同様に「お願いします」と書いても、おそらく空振りします。

（※）本書発行後の、2020年からのコロナ禍により、コミュニティイベントでも「オフライン」で集まることがむずかしくなり、オフラインファーストの実践がむずかしくなっています。そこで、最近ではオフラインファーストに代わり、「トラストファースト」を推奨しています。これは、元々オフラインファーストで目指していた、ファーストピンの人たちとのエンゲージメントをより大事にする、ということで、ミートアップ前後でのオンラインでの1on1の実施や、すでに信頼関係のある人から紹介（トラストチェーンの活用）をしてもらう、等の手法で実現が可能です。

オフラインで直接会って、熱量を持って、目の前でお願いするのと、オンラインで文字だけが流れていくのと、果たしてどちらが人は動こうとするか。

コミュニティマーケティングというのは、雪だるまのようなものです。まわり出して大きくなる。ということは、初めにゴロゴロとまわすのが大変なのです。これは、オンラインよりも、オフラインのほうがまわしやすい。そして、まわり出したらオンラインを使う。

実際、オンラインからスタートして自走した製品コミュニティを、私はほとんど見たことがありません。もしあるとすれば、それはすでにオフラインで知り合いになっている場合。もしくは、すでにエンゲージができている場合です。

そうした関係性ができていないのであれば、オフラインで関係性をしっかりつくったほうがいい。そのほうが、始めやすいのです。(※)

コンテキストファースト Context

コミュニティマーケティングをうまく実践するコツの2つ目は「コンテキストファースト」です。コンテキストとは、文脈とか背景となる事情のことです。本書では、何度も「関心軸」という言い方をしてきましたが、何に共感して集まっているのか、どうしたいと思って集まっ

詳しくは、こちらのブログ記事を参照してください。
https://stilldayone.hatenablog.jp/entry/communitymarketing_with_covid19

ているのかが重要なので、それをきちんと設定しておく、ということです。

失敗が起こるのは、まずはとにかく人を集めてから関心軸の設定をしようとしてしまうこと。そうしたコミュニティづくりにトライする会社やブランドが少なくありません。

とにかく人を集めて、人数が多くなってから方向性を決めよう、というのはうまくいきません。もともとの関心軸の設定がきちんと行われていないと、集まってきた人たちの期待値がバラバラになる場合が多いからです。

それを後から束ねるのは大変なので、**最初からストライクゾーンをきちんと提示しておく**ことが大切です。こういう関心軸の場、こういう関心に興味を持っている人が集まるコミュニティということをはっきりさせておく。これが、後でスケールするときにも重要になってきます。

ＡＷＳの場合は、これまでのＩＴの仕組みの不都合なところ、使いづらいところがラクになる、というのが関心軸でした。そしてもう一つが、ＡＷＳによって大手と遜色ないビジネス（システムインテグレーションや、オンラインゲーム、ウェブサービスの提供）ができるようになる、ということでした。

ビジネスのゲームチェンジャーとして、クラウドに期待していた人も少なくなかった。クラウドを自分たちの仕事やポジショニングを変えていくものとして真剣に取り組んでいた。だからコミュニティの熱量が高まったのです。

アウトプットファースト Output

そして3つ目のコツが「アウトプットファースト」です。クラウドはいいね、という人たちが集まってきて、そこだけで盛り上がっていても仕方がありません。メンバーが、外の人たちに「こんなにいいものをどうして使わないの」「これはこんなふうに使うといいよ」とアウトプットしてくれないと熱量が伝播しません。声が外向きに出ないといけない。

「よかった」というツイートでもいいし、ブログでもいい。それらが外に伝わるように表現してもらう。そうでなければ、肝心の熱量が外向きになりません。火が大きくならない。

しかし、これが意外に忘れられがちなのです。集まって、その場が楽しいと、それで満足してしまうコミュニティ担当者やマーケティング担当者が多い。ファンの集いならそれでいいと思います。そこに来た人にご満足いただく、エンゲージメントが高まるのが、目的だからです。

しかし、コミュニティマーケティングはそれだけでは不十分なのです。コミュニティ参加者を起点に、ベンダーが直接マーケティングするよりも、もっと効率的に声を拡げようというのが、目的です。だから、アウトプットしてもらわないといけない。

ところが、そのアウトプットをきちんとお願いしていないケースが多い。「みなさん、ありがとうございました」で終わってしまう。「アウトプットしてほしい」とお願いしないまま、終わってしまうミートアップがとても多いのです。

「ミートアップを開催したものの、参加した人がブログを書いてくれない」などと相談を受けることがあるのですが、私が問うのは、「書いてほしいと言いましたか？」です。**人は、具体的に頼まれないと、やってほしいことはなかなかわからないもの**です。

アウトプットしてもらうための働きかけ

コミュニティはアウトプットするための場。参加者からコンテンツがどれだけアウトプットされるかが重要、という意識があれば、あの手この手でアウトプットをお願いするはずです。

たとえば、イベントの終了時に「今日はよかったという人、手を挙げてください」と投げかけ、「挙げてくださった方、ぜひアウトプットしてください」とお願いする。そして、「アウトプットしてくださると、登壇者、発表者が喜びます」と伝えるのです。

ほかにも、いろいろな言い方がありますが、自分の声で、自分のチャネルで、外にアウトプットしてもらうための促しをしていくわけです。

私がよくやるのは、前のイベントについて書いてくれた人のブログをスライドで出して、「こんなうれしいアウトプットがあった」と紹介すること。こんなふうにしてもらえるとうれしい、とメッセージしていきます。真似しやすい行動を紹介し、それには反応がある、ということも伝えます。

実際、自分がお気に入りの商品について何か伝えたとき、好意的なアクションが戻ってくれば、誰だってうれしいはずです。

ただ黙っていては、なかなかアウトプットは増えません。だから、ひと工夫する必要がある。自分がスピーカーとして呼ばれたときには、「みなさんのツイートがないと、私はドキドキします。反応がないのが一番苦しいので、助けると思って、なんでもツイートしてほしい」なんてお願いしたりすることもあります。

そうすると、2割くらいの人が反応してくれたりする。同じハッシュタグで、ツイートが来る。そうすると、やはり拡がっていくのです。

一度アクションしてもらったら、今度は盛り上がるシーンを自分で伝えます。「あっ、ここです。ここがツイートポイントですよ」と合いの手を入れたりする。そうすると「ツイートポイントを言われちゃったよ」などと、またツイートされる。

アクションを起こすか起こさないかで、まったく結果は違ってきます。「ツイートしましょう」と、あの手この手でお願いしてみるべきなのです。

「ブログ書くまでが勉強会」というパワーフレーズ

また、お願いを「フレーズ化」することも大事です。

JAWS-UGでは、「ブログ書くまでが勉強会」というフレーズをよく使っていました。フレーズ化すると、耳に残りやすいのです。実際、「ブログ書くまでが勉強会、と言われたから書きました」という書き出しのブログがたくさんありました。

ある意味、言い訳があったほうが、人は行動に移りやすいのかもしれません。「お願いされたんだから、仕方がないな」と、心理的な障壁を小さくすることも有効だと思います。

ただし、アウトプットそのものに対する金銭的なインセンティブは設定しません。関心軸は合っているはずだからです。

インセンティブがなければ来ない人は、ずっとインセンティブを要求してきます。そうすると、インセンティブがなければアウトプットもなくなってしまう。

これでは、従来のマーケティング手法とあまり変わりありません。関心をお金で買うのは、長続きしない。「金の切れ目が関心の切れ目」になるからです。

ＩＴ業界は、こういうことに慣れているからコミュニティがうまくいったんだろう、と考える人も多いかもしれません。たしかに、ＩＴ業界には「コミュニティ慣れ」している人が多いのは事実でしょう。

ただ、私の知るかぎり、実はJAWS-UGが初めてのコミュニティ体験だった、という人も意外なほど多かったのです。だから、必ずしも他のコミュニティをやっていないとうまくいかないわけではないと思います。


また、他所でコミュニティの経験がない人はリーダーになれないのかというと、そんなこともなく、むしろJAWS-UGのリーダーの人たちは、今回が初めてのコミュニティだったというほうが多かった。

自分の居場所を見つけ、自分の発言やアウトプットにいろいろな反応があるのを見て、自分でどんどん声を大きくするようになっていった。自分の楽しみを自分で見つけていったのです。

そうすると、まわりから見つけられやすくなります。いろいろな形で、ビジネスリターンがやってくる。それは転職かもしれないし、仕事のオファーかもしれないし、「承認」かもしれない。コミュニティの評価を聞いた社内の人から「君、すごいんだね」と言われるだけでも、仕事に向き合う姿勢は大きく変わります。

そのことにいかに気づいてもらうか。コミュニティマーケティングの担当者の手腕が問われるのです。

コミュニティ活動は「プライスレス」

コミュニティマーケティングは決して万能なわけではありません。失敗するパターンについても、少し触れておきましょう。もっとも多いのは、活動のすべてをお金に紐づけようとしてしまうこと。お金に換算してしまおうとするケースです。

覚えておきたいのは、**人は自分で選んだことは、基本的に肯定する**、ということ。

自分で「頑張ろう」と思ったことは、つい頑張ってしまうのです。

コミュニティで「あの人は知っている」と思われたり、教える側の人になると、以前にも増して参加することが楽しくなってくる。ミートアップでみんなが話を聞いてくれて「いいね」と言われると、うれしいから張り切ってしまう。

そうすると、ブログに掲載する資料のクオリティも上がってきます。どうせなら「参考になった」と言われたい。だから、誰に言われるまでもなく、夜通しで資料をつくったりする。

誰も指示もしていないし、報酬もない。それなのに、朝方までかかって資料をつくり、直前まで見直して、無償でデジタル公開するのです。

この労働時間をお金で買おうとしたら、大変です。もとより、お金に換えられない。プライスレスなのです。だから、**コミュニティでお金を払ってはいけない**、のです。

お金に紐づけようとすると、こういう発想が起こりえます。「ブログ1回書いてくれたら5000円謝金を出す。そうすると、50万円あればブログを100本書いてもらえる。これは安い」——。わかりやすいです。しかも、数値化されていて、社内にも説明しやすい。

しかし、こうしてでき上がったものは、絶対にクオリティが低い。間違いなく低い。なぜなら、お金のために書くからです。書きたくなくても、お金がもらえるから書くのです。クオリティを上げるには、**書きたい人が書かないとダメ**なのです。

ところが、お金をつけた瞬間、コミュニティ活動が急につまらない「仕事」になってしまいます。対価のためではなく、その商品のよさをもっと多くの人と共有したいという自発的な熱意、熱量が大切なのです。

その熱量を、お金に換算してはいけない。それは、お金に換算しがたいものです。対価は、ベンダーからではなく、違う形でやって来ます。それは、コミュニティで承認されたり、称賛されることだったり、世間から見つけられたり、自ら違うキャリアを見つける、といったことであって、そんなふうに報酬がやってくることが、持続的なコミュニティの運営には欠かせないのです。

そして、お金で呼んだ人はいずれいなくなります。それこそ、JAWS-UGでは懇親会も基本的に割り勘が普通です。飲食代の一部だけベンダーでサポートして、残りを割り勘にする方法もあります。しかし、基本的に自腹です。懇親会を無料にはしません。

有料化で得られるもう一つの効果は、「招かれざる客」対策です。

たとえば、ＩＴ業界では、実にたくさんの勉強会がいろいろな場所で行われます。なかには、参加費無料の懇親会が設定されていることもある。そうすると、飲んで食べることだけを目的に来る「ピザ・ビールの人」が現れ始めます。

しかし、こういう人たちの存在を許していると、「なんで、あの人、いつも来てんの？」「あの人、なんなの？」などと余計なことに気を取られてしまう。気持ちが落ち着かないわけです。コミュニティの関心軸から外れた人が来ることで、コミュニティのパワーが削がれ、せっかくの場が荒れてしまう。これは、もっとも避けたい事態です。

だから５００円でも１０００円でも、会費（利益ではなく、あくまでも実費）があると、コミュニティの純度が高まります。決して高額ではないし、変な人が来なくなるのであれば、みんな喜んで払ってくれます。

むしろ、「メンバー同士で話ができる。場所を設営してくれてありがとう」と感謝されることもあるほどです。

参加するメンバーを「お客様」扱いしてはいけません。コミュニティは、彼らの場、「自分ゴトの場」なのです。彼らが楽しみやすくなるように、場所代だけサポートするなど、いわゆるベーシックインカム的にサポートするのはいいでしょう。

しかし、基本的にメンバーが自腹でコストを負担するほうが、純度が高まります。そうすることで、自分ゴトになるから、自分のために来ている、という認識になるのです。こういう気持ちは、お金では買えないのです。

「無理やり勧誘」は危険なサイン

前にお話ししましたが、AWSでコミュニティを立ち上げるとき、最初にしたことは、当時まだ数少なかった国内のユーザーに会いに行くことでした。

その際、ユーザーの方に会うなり「コミュニティをつくろうと思っています」などと話を切り出したわけではありません。最初は、日本法人ができたので挨拶に行きたい、とメールでコンタクトをしました。

私にとって幸いだったのは、日本国内でサービスを使い始めるユーザーが生まれつつあったにもかかわらず、当時はまだ日本語でのサポートが存在しなかったことです。

つまり、日本語サポートがないために、英語でのコミュニケーションを余儀なくされていたのです。そこに日本語でメールが来て、日本の担当が挨拶に行きたいという。これは、期待値としてはグッと上がって、会っておいて損はないと思われたのではないかと思います。

ただ、「私に会うと、何かいいことがありますよ」というあいまいな期待値設定はしないように気をつけました。正直に「みなさんのお話をお聞きしたい。AWSがどんなふうに使われているかを知ることで、こちらのサポートやアメリカ本社へのフィードバックのやり方にもつながります」「何を評価しているか、何に困っているかをぜひ教えてください」と。

そうやってアポイントを取ってオフラインで会いに行き、私が確認していったのは、その人の関心がもっとクラウドを拡げたほうがいいというところにあるかどうか、という点でした。

もし、そうであると感じたら、「こういうコミュニティがあったほうがよくないでしょうか」と提案をします。

これに対して、「いいね」という返答が来たら、「では、私がちょっと場を用意しますので、一緒にやりませんか。何人かに声をかけます」と申し出てみました。

大切にしたのは、相手の主体的な参加を促すことです。

「いついつにイベントをやりますから、お願いですから来てください」とは言わない。

それでは、自分ゴトにならず、単にイベント参加をお願いされてしまっているからです。

重要なことは、**自分ゴト化して受け止めてもらうこと**。仕方がないから行くか、にしてはいけない。「こういう場があるとよくないですか」と投げかけて、「そうだね」と賛同してもらったうえで、「じゃあ、場をつくります」という流れにする。「そうだね」という返答が返ってこなければ、無理に引っ張ってきても自分ゴト化はされておらず、仕方がないから来た、になってしまいます。

正直なところ、どんな場になるかわからないところに、忙しい人は来たりしません。だからこそ、重要なのは、関心軸の設定です。そこに同意しているかどうかを確認したうえで、来てもらえるかどうかの確認に移っていく。それが大事になります。

それを確認するのが、「もっとクラウドを拡げたほうがいいと思っているかどうか」という質問でした。

ですから、最初のコアメンバーの選定には時間もかかりましたが、いろいろな人に会っていく過程で、「ほかにうまく、あるいはかなりＡＷＳを使っている人を知りませんか」という問いかけをすると、だいたいまわりに「あの人は詳しいよ」「あの人は本を書いているよ」という人が見つかるものです。すぐに紹介してもらって会いにいきました。

JAWS-UGのキックオフは２０１０年2月でした。そのときの模様が「Publickey」というブログメディアの記事に残っています（次ページ図）。

Top > クラウド

Amazonクラウドの公式日本ユーザー会が発足

2010年2月24日

昨年末にAmazonクラウドの日本法人が発足したのを受けて、日本のAmazonクラウドユーザー会「AWS User Group Japan（略称JAWS）」が発足。23日に「第0回AWS User Group Japan勉強会」が秋葉原で開催されました。

ライトニングトーク、1人目はエバンジェリストのJeff Barr氏

JAWS :: AWS User Group - Japan

登壇したAmazon Data Services Japanのマーケティングマネージャー 小島英揮氏は、2010年のフォーカスを「デベロッパーコミュニティの拡充」「AWS東京オフィスの人員拡充」という社外、社内の充実という2点と説明し、会場に集まった100名以上の参加者に同社の採用活動について案内しました。同社はビジネスデベロップメント、テクニカルサポート、エバンジェリストのポジションを国内で採用する予定としています。

続いての登壇は、来日した米Amazon Web ServicesのエバンジェリストJeff Barr氏。Barr氏は、「どのようなプラットフォームでも、成功しているプラットフォームには熱心なユーザーや協力者がいるものだ」と、日本のユーザー会が盛り上がることを期待しつつ「私は6月に再度来日する予定だ。それまでにAmazonクラウドをいちばん広めてくれた人とパーティをしたい（笑）」と冗談を飛ばしていました。

AWS User Group Japan勉強会。会場となったのは秋葉原の富士ソフト アキバプラザ

JAWS-UGのキックオフの記事
『Amazonクラウドの公式日本ユーザー会が発足』(Publickey)
https://www.publickey1.jp/blog/10/amazon_5.html

その前の2か月間はいわば助走期間でした。その中で、コミュニティのリーダー、ロールモデルになれそうな人を見つけて、その人たちと一緒に企画をし、準備を進めていきました。

この助走期間の活動でクリアにしておきたいのは、私がＡＷＳのファンをつくり出したわけではないということです。ファンはすでにいました。私は、そうしたファンを発見したのであって、つくり出してはいません。

逆に、もしファンがとても少ない場合は、ファンをつくるところからコミュニティマーケティングをやらないといけません。ファンが少ないときは、コミュニティマーケティングの前に、ファンをつくるステップを踏まないといけないのです。

幸いＡＷＳは、すでにファンのいるステージでした。そして、私自身が一番のファンでもありました。

こうして、リーダー候補の人、フォロワー候補の人を見つけ、話をし、最初に彼らと一緒に取り組んだのが、名前を決めることでした。JAWS-UGです。ロゴづくりも、コミュニティのリーダーたちと一緒に始めました。

名前も、アイコンとしてのロゴも、ハッシュタグも絶対に最初からあったほうがいいと思います。途中で名前を変えたりすると、連続性が失われてしまいます。JAWS-UGも、１回目からずっと継続しています。

ベンダー側のコミュニティの接点はシンプルに

こうしたコミュニティのトーン＆マナーをはっきりさせていくためにも、コミュニティをマネジメントする立場にある人は、とりわけ、初期の頃に気をつけておく必要があります。どんな人に入って来てほしいか、どんな人に入って来てほしくないか、という線引きは、受け入れ側に依存するからです。トーン＆マナーがはっきりして、メンバーがきちんと意思表示できる場合には問題ありませんが、そうでない場合には注意しなければいけません。

特に性善説でまわっているようなチームに、いきなりアクの強い人が入って来たりすると、だいたい引っかきまわされます。

「この人はリーダーやオーガナイザーに向いているな」と思った人には、私から積極的に声をかけていきました。地方都市などでは、事前にコミュニケーションする機会がそれほどなく、公募で手を挙げてもらうことも多かったのですが、それでうまくいきました。

地方では、もともとコミュニティが密なので、コミュニティ慣れしている人が手を挙げてくれる、ということなのかもしれません。東京では、JAWS-UGでは会うけれど他では会わない、というケースも多いので、関心軸がはっきりしていることがより重要になります。

コミュニティをオーガナイズするのは、リーダーをはじめとした中心メンバーです。

私の役割は、サッカーでいえば球出し。パスでボールは出すけれど、自分でシュートしたりはしない。その意味で、シュートを打ちやすいパスをすることは重要です。受け取りやすいパスを出す。「これはよくないと感じています」と率直に伝えますし、「ただし、決めるのはみなさんです」とも伝える。「どうすれば、チームがうまくいくか、問題点を見つめてみましょう」といった提案をします。

結果として、「リーダーの交代」という結論になることもあります。そのままにしておくと、コミュニティが立ち止まってしまう。どんどん壊れていってしまう。だから、いい方向で新陳代謝を促すようにしていきます。

こうしたコミュニティ運営に関わるベンダーとコミュニティの接点は、シングルポイントのほうがやりやすいと思います（登壇者や参加者としては、むしろたくさんの人がベンダーから参加するのはいいことなので、ここはあくまで運営に関する部分です）。コミュニティをマネジメントするときの顔は、1人のほうがいい。ベンダーのコミュニティ担当者の後ろにたくさんリソースがいるのはまったくかまいませんが、インターフェースは1人（または少人数のチーム）がいい。

また、それをできるだけ固定すること。インターフェースはいわばコミュニティの熱量や健康度合いを測るセンサーのようなものです。このセンサーがしょっちゅう変わってしまうと、変化をうまく計測できません。継続した流れが見えなくなってしまいます。センサーの一貫性を保つためには、固定させたほうがいいのです。

そして、変えるときには、変える、とはっきり伝える。新しい担当者にバトンタッチするときは、しばらく伴走するようにしていましたが、必ず「後ろにまわる」ようにしました。

そうすることで、誰が新しいセンサーなのかにコミュニティは気づくことができます。このとき、前任者は決して出しゃばらずに、新任者に任せていく。

コミュニティのマネジメントを何人かで分業することもありますが、あくまで**インターフェースは1人または少人数にすることが大切**です。そのわかりやすさが、コミュニティのメンバーの安心感にもつながります。

コミュニティは、メンバーにとっては空き時間に行う活動なのです。ややこしい構図をつくってはいけない。極力わかりやすくしないといけません。

ここで「誰に言っていいのかわからない」という状況、あるいは「この人は信頼できない」という状況になると、個別のやりとりが始まり、収集がつかなくなってしまう。

言っても聞いてくれないから、直接スピーカーを誰かに頼んでしまおう、なんてことになったり、スルーされてしまうようになります。

もちろん、最終的には自走してほしいのでその方法でもいいのですが、信頼を失ってコミュニティが自走するのと、ベンダーとの信頼関係のもとに自走するのとではまったく違います。コミュニティとベンダー双方のためにも、お互いの信頼関係が極めて重要なのです。

コミュニティマーケターに必要な3つの要素

コミュニティマーケティングの会合でよく、「コミュニティをサポートするコミュニティマネジャーやコミュニティマーケターに必要な資質はどんなものですか？」という質問をいただくことがあります。私はいつも、次の3つを挙げています。

まず、**マーケターであること**です。コミュニティづくりはマーケティングの一環であるという理解がないといけません。そうでない場合に何が起きるのかというと、どんどんコミュニティ側に取り込まれていってしまう。

このコミュニティの人たちとの関係を維持しないといけない。この人たちにもっと気持ちよくなってもらいたい。そんな方向に行ってしまうのです。

つまり、いったい何のためにコミュニティづくりを行っているのかを見失ってしまうのです。

マーケティングのことがわかったマーケターであれば、これを防ぐことができます。だから、マーケターであることが重要だと考えています。

2つめは、**人に好かれる人であること**です。たくさんの人とリレーションを持っていく役割ですから、これはとても大切です。

コミュニティづくりを進めていくとき、どんな才能が必要なのかと問われれば、人に好かれる才能は真っ先に挙がる要素かもしれません。人に嫌われるような人では、うまくいくものもうまくいかなくなる。すべてを壊していってしまうようなことになりかねないからです。

3つめが、**会社に「説明」したり、必要なリソースを「要求」したりする交渉力、会社に対して言いたいことがきちんと言える力**です。「これは、こうやるべきです」「ここはうまくいっているけれど、ここに問題があります」「もっとここに力を貸してください」といったことを、会社にしっかり言えるかどうか。

コミュニティマーケティングは、まだ会社の業務としてポジションを確立できていない分野です。「あのチームはいったい何をやっているんだ」という声が社内から出たときに、しっかり自分たちのことを伝えられなければいけないし、コミュニティが必要としているものを会社に伝えられないといけない。

そのため、コミュニティマネジャーやコミュニティマーケターは、役職がついているかは別にして、会社にきちんと意見して、それが理解されるポジションの人でないと、会社から「コミュニティマーケティングは何をやってるんだ？　いつまでやるんだ」などと非難されて、そのプレッシャーの中で中途半端なまま終わってしまう可能性が極めて高いのです。

逆にいえば、コミュニティマネジャーやコミュニティマーケターは、それだけの価値のある仕事だということです。とても片手間でできるようなものではない。「とりあえず若手に任せておこう」などという仕事ではないことは理解しておく必要があります。

コミュニティマネジャーは難しい仕事ではありますが、学習可能だし、トレーニングも可能だともいえます。やってはいけないこともはっきりしていますから。

その意味で、きちんと業務についてのログ（履歴）を取っておくことは重要かもしれません。それは人材の育成にも役立ちます。

とはいえ、私自身はＡＷＳでルールの明文化やマニュアル化はしませんでした。できなかった、といってもいいかもしれません。ただ、見よう見まねで教えるところまではできたかもしれませんし、できなくはないと感じていました。

今は、コミュニティマーケティングの基本的なフレームワークは言語化していて、CMC_Meetup の活動などを通じて（この本もその一環ですね）、いろいろな企業にお伝えをしていますが、ここでもルールブックを渡しているわけではありません。それは、会社ごとに、お客様ごとにどんなバリューを提供したいのかが異なるからです。ただ、それぞれの企業で、言語化したり、マニュアル化したりすることはできると思います。

少なくともお伝えしたいのは、「あれはＡＷＳで小島だからできたんだよ」ではまったくない、ということです。実際、私はすでにＡＷＳを抜けていて、現在は私がいたときよりもはるかに大きなコミュニティにJAWS-UGは成長しています。

また、私がやっていることを聞きつけて、他の会社の人たちがコミュニティづくりに成功しています。決して属人的なものではないのです。

フォロワーがリーダーをつくる

みなさんは、「TED Conference（テッドカンファレンス）」をご存知でしょうか。

アメリカの非営利団体が、「Ideas worth spreading（広める価値のあるアイデア）」という精神のもと、テクノロジーやスポーツなど、さまざまな分野の第一線で活躍する人たちを招いてプレゼンテーションしてもらう人気イベントで、上質なプレゼンは、動画アーカイブ「TED Talks（テッドトーク）」としてインターネット上で無料公開されています。

その中の一つに、ミュージシャンであり、起業家の肩書きを持つデレク・シヴァーズという人が行った「社会運動はどうやって起こすか（原題：How to start a movement）」という有名なプレゼンがあります（左図）。

デレク・シヴァーズ「社会運動はどうやって起こすか」（TED 2010）
https://www.ted.com/talks/derek_sivers_how_to_start_a_movement?language=ja

動画ではまず、１人が突然、踊り始めます。これは、私たちがいうところのリーダーやロールモデルの人たちです。「クラウドすげぇ」「ＡＷＳいいぞ」などと、まだほとんどの人が気づいていないときに言い始める、言ってみれば「変な人」です。

しかし、これだけでは運動は大きくはなりません。デレクが重視しているのは、最初の１人の真似をして踊り始める人の存在です。突然踊り始めた男性に対して、しばらくしてから誰かが一緒に（しかも楽しそうに）踊り始めます。これがフォロワーです。

そして、１人がフォロワーになると、「あれは、なんだろう」とばかりにまた１人、また１人と踊り始めます。そして、どんどんフォロワーの数が増えていくのです。

デレクは、この最初のフォロワーの存在こそが、最初に踊った人をリーダーにする、と言っています。実はこれはコミュニティでも同じです。最初のコアなファーストピン、熱量の強い人を集めるだけでなく、「この人たちの言っていること（やっていること）はすごいんだよ」と言ってくれる人をまわりに集めないといけません。

このフォロワーをしっかり集められるかどうかが、コミュニティが大きくなるときに、極めて重要になります。フォロワーがどんどん増えていくことで、「あ、あそこは行ってもいい場所なんだ」と周囲が思い始めるからです。

こうして人がわさわさと集まり始める。こうなると、実はリーダーの姿はあまり見えません。

フォロワーが集まっている様子が、はっきりと見えるだけなのです。そして、「なんだ、これは？このビッグウェーブに乗らないと」とばかりに、新たなフォロワーが加わるようになり、ますますムーブメントが拡大していきます。

これは、初期のAWSコミュニティで起こった現象と似ています。誰が言い出したのかはわからないけれど、まわりの人はみんな「AWS、いいね」と言っている。「私もやりたいな」……。みんなが楽しそうに踊っていると、それが伝播していくのです。

実は、これができたのは、最初にリーダーがいたと同時に、そのリーダーをフォローする人たちがいたからです。ここが、すべての起点になっている。つまり、コミュニティは、リーダーだけを見つけても仕方がなく、**どうやったらフォロワーが集まるようになるか**、が重要なのです。

ですから、コミュニティづくりをサポートするとき、極めて大切なのは、フォロワーの候補者を集めるために、コミュニティマネジャーやコミュニティマーケターが手助けをして、リーダーとフォロワーの関係性を最初からつくっていくことです。フォロワーが盛り上がっているのが、チラチラと見え始めると、フォロワーの素質がある人が集まるようになります。

AWSの場合も、当初20人ほどでスタートしたと書きましたが、その顔ぶれはリーダータイプばかりだったわけではありませんでした。

リーダーっぽい人と、フォロワーっぽい人、自分自身は積極的に引っ張ることはできないけれど、フォローしたり、外に発信したりできる人、などを見つけて集めるようにしたのです。

実際、話をしてみると、積極的に人を巻き込みたいと思ってそこに時間を使える人と、いいものがあったらどんどん真似したいと思う人は、しっかり分かれているものです。

人に伝えたいタイプ、人に行動変容を促したいタイプは、リーダーに向いています。

そして、積極的に真似したいと思っている人はフォロワーに向いている。

フォロワーの人が真似しているうちに、これをまた真似する人が出てきて、そのタイミングで、フォロワーが新たなリーダーになっていくこともあります。

大事なことは、最初から、両方のタイプを探して、それをセットにしてファーストピンを構成することです。逆に、リーダータイプばかり集めると、コミュニティはうまくいきません。

コミュニティづくりに役立つ「焚(た)き火理論」

コミュニティの成長は、焚き火に置き換えて考えるとわかりやすいです。

種火はあるけれど、火が燃えていかない。みんなで「いいよね、いいよね」と言っているうちに、燃え尽きて灰になってしまいかねない。種火が燃えているうちに、燃え移るものを用意しておかないといけないのです。

焚き火の初期段階でやってはいけないのは、熱量の高い「種火」に、生乾きの、燃えるのに時間がかかる「生木」をくべてしまうことです。これでは火はすぐに消えてしまいます。

焚き火をするとき、種火にいきなり生木を入れたり、そのあたりにある草を入れたりすると、煙だけが出て種火も消えてしまうのです。火はつかないし、生木も燃えない。あとに、燃えなかった残骸だけが残ってしまう。

コミュニティづくりにおいて、まず数が必要だ、というバイアスがかかると、こういう不完全燃焼が起こり得ます。生木や草と同じように、手近な団体や声をかけやすい人を集めてしまうのです。しかし、それでは焚き火が成長しない。入れるべきものが違う。**種火に点火したら、その次は枯れ枝などの「燃えやすい」ものを入れないといけない**のです。

初めに数だけを集めようと、大きなイベントを開いてスタートをしたりして、結果、失敗するのは、種火と枯れ枝、生木の比率や、それを入れるタイミングが合っていないからです。

私はこれを**「焚き火理論」**と呼んでいます。コミュニティマネジャーがまずすべきなのは、火力の高い種火だけでなく、よく燃えそうな枯れ枝をしっかり集めることです。つまりは、種火であるリーダーを「真似したい人たち」、すなわちフォロワーです。

あとは、コミュニティマネジャー側が、火が燃え移るように団扇(うちわ)であおぐ役割を担います。

もちろんベンダーの担当者もファンなのですが、ベンダー側も燃えてしまうと、あまりいいことになりません。果たすべき役割は、火が伝播するように団扇であおぎ、枯れ枝をくべ続けることです。

そして焚き火が安定して燃え続けるようになったら、今度は生木でもなんでも入れても大丈夫です。火が大きくなれば、それができる。これは、焚き火を育てるステップをきちんと踏んでいるから、可能になるわけです。

コミュニティを大きなキャンプファイヤーにしたければ、きちんとステップを踏むこと。それさえ間違えなければ、少数の種火でもキャンプファイヤーがつくれます。

逆に、生木だけがくべられていて、それを燃やさなければいけないとなったら、ガソリンやバーナーを持ってきて、無理やり着火するしかない。燃料を何回も交換しながら。

これがコストです。時間がかかりますから、コストも大きくなります。仮にガソリンをかけても、表面は燃えますが、中心部まではなかなか燃えません。ボッと火が立っても、すぐに消えてしまう。木の表面の油が燃えるだけで終わってしまう。

それより、急がばまわれで、種火から枯れ枝でじっくり火を育てていったほうが、実は大きなキャンプファイヤーに育ちます。そしてこれは、最初からしっかり手順を踏まないといけない。種火と枯れ枝のバランスをよく見極めてタイミングよく投入することが重要です。

そして、キャンプファイヤーを大きなものにしていくには、それなりに時間がかかるということを認識しておくことです。

アウトプットで期待値を正しく設定していく

AWSの場合、コミュニティが自然に燃えるようになるには1年くらいはかかっていると思います。ミートアップのペースは1か所で2〜3か月に1回。1年に3、4回なのです。

このとき、一つのポイントになるのが、3回目のミートアップです。1回目は「やりましょう！」と熱量で押し切り、2回目も「もう1回やりましょう！」と勢いでできるのですが、3回目が一番難しい。そして、3回目の段階で、新規の人、新たなフォロワーが流入し始めていないと厳しいのです。

新しい人が入ってきているということは、アウトプットがしっかりできているということであり、新しい情報がどんどん出てきているということ。言葉を変えると、燃えるモードになっている、ということです。そして4回目、5回目となって、火がつき始めます。

したがって、コミュニティマーケティングでは、3回目のミートアップが重要です。

理想は、見たことも会ったこともない人が、ミートアップでのアウトプットだけを見てやってくること。それこそ、期待値が合致しているからなのです。

そして期待値に近い話が聞けると、「やっぱりいいな」となる。満足度が高い。そこからツイートやブログなどへのアウトプットが生まれ、また火が移っていく。アウトプットという露出がなければ、潜在的な参加者がコミュニティを見つけられませんし、期待値設定もきちんとできない。

２０１０年頃は、ＡＷＳはすでに使っているけれど、まわりに聞ける人がいなかった、という人が多かったように思います。また、会社がこれから使いそうだ、使うことが決まっている、となって慌てて情報を探し始めた人もいました。いずれにしても、ＡＷＳについて、もっと詳しく知りたいと思っていたとき、コミュニティのアウトプットを見て参加するようになった。先ほどの「ＴＥＤ」の動画にある、すでに踊っている人を見つけて、面白そうだと次から次に人が参加し始める、そんな状況になったわけです。

事前にアウトプットを見ている人たちは、コミュニティへの期待値が正しく設定されていることが多いので、来てもらえたら満足してもらえるし、最新の情報も入手できる。それがまたアウトプットされると、その周囲の人たちがまた反応する。こうして、どんどんフォロワーが拡がっていったのです。

コミュニティのゴールを途中で変えない

JAWS-UGでは、初回は100人くらいの参加者から始まって、1年かからないうちに毎回キャンセル待ちが出るような規模になりました。

しっかりアウトプットが行われると、（TEDの動画のように）踊っている人たちの様子が見えるわけです。それを見て、どんどん人が集まっていった。ツイートやブログで、みんなが「いいね」と言っている。ちょっと行ってみよう、と。

逆に、ツイートやブログなどでアウトプットが行われていなければ、誰かが踊っていることに気づけません。それでは、フォロワーは増えていかない。その場のことをきちんとアウトプットしてもらわないと、踊りの楽しさがわからないのです。

密室で限られた人数だけで踊って、「あの踊り、イケてたよね」となったところで仕方がない。それでは〝ヤバイ集まり〟になりかねません。極度に尖鋭化してしまう、クローズドな雰囲気で新しい人が入りにくくなってしまう、というのは、コミュニティマーケティングでは絶対に避けなければいけないことです。拡がらなくなってしまうからです。

実際、楽しく踊っているうちに、内輪でタコツボ化していくのも、よくある話です。

だから、コミュニティマネジャーやコミュニティマーケターは、内輪受けに行き過ぎると、拡がらなくなるので気をつけましょう、と注意を促す必要があります。

もし、密室で踊る会をやりたいなら、やってもらってもかまわない。けれど、それとは別に、みんなに参加してもらいやすい場もつくらなければ拡がりはないよ、ということを理解してもらうのです。

人がたくさん集まってくると、「オレの場」にしたいと思う人が現れることがあります。それは、反対はしません。好きなように場をつくってもらってもかまわない。

ただし、それをやるなら、JAWS-UGの名前は使わせない。山田コミュニティでも、鈴木コミュニティでも、自分の名前を冠してやってもらったらいいのです。

JAWS-UGを離れて集まったりすることも、まったく否定しません。そもそもコミュニティとは、などという定義やルールで縛ることもない。やりたいことがあるなら、やってもかまわない。でも、「それはJAWS-UGではないですよね？」という確認は必要です。

JAWS-UGは「ＡＷＳをもっと知りたい」「上手な使い方を聞いてみたい」「自分のやり方が正しいかフィードバックが欲しい」という関心軸の集まりです。そうでないものは、JAWS-UGではありません。

同じように、JAWS-UGに紛れ込んで、なにか商売をしようとする人も現れ始めます。

しかし、これも関心軸ではない。売り込みされることは、JAWS-UGのコンテキスト、文脈ではないのです。

実際、こんなことがありました。「ＡＷＳだけじゃなくて、他社クラウドについての話もしよう」という提案です。いいと思いました。どんどんやってください、とお伝えしました。ただし、「それはJAWS-UGじゃないですよね、JAWS-UGの名前を使う必要がないですよね」と念押しはします。

JAWS-UGは、ＡＷＳの話をする場というコンテキストでつくられているわけです。他社クラウドの話をするのはかまわないですが、名前や場所を変えてやってください、と。

実のところ、参加者の中には他のクラウドの話もしてもいいじゃないか、という意見もあるでしょうし、そういう話を聞いてみたい、というニーズもあるとは思います。しかし、ＡＷＳだけで十分にコンテンツがあるのです。コンテンツをつくる努力もしていました。無理に混ぜる必要はない。

JAWS-UGというのは、そういう場なのだ、という共通の理解をみんなに持ってもらわないと、解釈はいくらでも歪んでいきます。しかし、きちんと意思表示をしておくと、これだけはやってはいけない、という不文律のようなものができていきます。

たとえば、後述するサイボウズの「kintone Café（１９９ページ）」は、こういうことを理解したうえで、「ここはkintoneを語る場です」と明文化することを決めたのだと思います。

なぜ、コミュニティの「自走」が重要になるのか

コミュニティマネジャー、コミュニティマーケターは、コミュニティづくりにしっかり伴走し、大きなキャンプファイヤーを目指し、きめ細やかな活動をしていく必要があるわけですが、最終的にコミュニティには「自走」してもらう必要があります。

つまり、ベンダーの担当者がつきっきりでなくても、コミュニティが自分たちで正しく走れるようにならないといけない。

どうして自走が大切なのかというと、ＡＷＳの場合がそうでしたが、いつか担当者の時間がボトルネックになってしまう可能性があったからです。

人はみな１日24時間しか時間がありません。コミュニティがどんどん拡がりを見せ、全国にも拡大していく中で、すべてのコミュニティのサポートにベンダーの人間が参加するのは、物理的にも限界がありました。

また、コミュニティ全体が拡がっていく中でサポートを優先するのは、立ち上がり期や、再立ち上げ（JAWS-UGでは「リブート」と呼んでいました）のところです。だから、コミュニティが大きくなってくると、リーダーやマネジャーにはこう伝えていました。

「みなさんが自走できるのであれば、そのほうが絶対にいい。そのために必要なサポートはし

ていきます。たとえば、コンテンツのフォロー。必要なら、私以外のスピーカーを送り込むともできます。毎回、私が参加しないと日程が決まらないコミュニティでは、かえってみなさんの勢いを削いでしまいかねません。みなさんのためにも、自走できたほうがいいのです」

ここで注意しなければいけないのは、誤解を持たれてはいけないということです。

私が忙しいからとか、私が面倒だから、もうやりたくない、ということではない。私がボトルネックになって、コミュニティが開かれなくなってしまったり、アクションが遅れてしまったりしたら、コミュニティのみなさんのマイナスになってしまう、ということを伝えるようにするのです。

この考えに賛同してもらえたら、リーダーにコミュニティを委ねたいという気持ちを伝え、そのためにどんな支援をすればいいかを確認していきます。

もうちょっと一緒に走ってほしい、というケースもあります。

その場合は、もうしばらく伴走します。

できそうなのでやってみます、という場合もあります。

その場合は、「では、何かあれば言ってください」と伝えます。

もちろん、自走化できているコミュニティも、未来永劫ベンダーが参加しないなどということはありません。タイミングが合ったり大きなニュースがあるときには、積極的に参加します。

自走化を実現するうえで、コミュニティ側のリーダーは複数のほうが好ましいです。1人だと、その人の忙しさでコミュニティの活動が止まってしまったりするからです。

コミュニティの成長は、リーダーの成長ともリンク

また、コミュニティの成長は、リーダーの成長ともリンクしていきます。

そこで、2012年から、JAWS DAYSで全国から集まるときに、リーダーだけが集まる分科会を開くようになりました。

全国に支部が30、40とできていきましたが、リーダーは普段、支部である自分のコミュニティしか見ていないわけです。自分が他とどう違うか、よくわからない。

私は東京の人を見ているし、大阪の人も見ているし、福岡の人も見ています。しかし、その人たちを横につなげる機会がなかなかありませんでした。

そこで、たとえばリーダーだけが集まる分科会「リーダーズミートアップ」は、お互いどんなことをしているのかを見られる機会をつくりたくて、スタートさせました。

悩みを共有したり、ベストプラクティスを紹介したりすることには、大きな効果があったと思います。悩んでいる人を見れば、「ああ、自分だけじゃない」と励まされますし、うまくや

っている人を見ると「お、自分もこれくらいはやってみよう」と刺激になる。苦しみは半減され、もっとやりたいという意欲は倍加される。そんな場になりました。

新しいアイデアも生まれました。たとえば、地方では「スピーカー問題」を抱えていました。東京ほどユーザーが多くないので、地方でコミュニティを開くと、登壇者がどうしても似通ってしまう。同じ人が何度も話すことになってしまう。オーディエンスも一向に増えない。そうなると、マンネリ化しかねない。

そこで、たとえば3か所の地方のコミュニティをGoogleハングアウトというアプリでつないでやってみる。そうすると、1か所から1人しかスピーカーが出なくても、3か所なら3人になります。しかも、これまで聞いたことがない話も聞ける。オーディエンスも3倍になる。みんながどう思っているか、ツイッターで束ねることもできる。

困っている人同士でコミュニケーションをすると、いろいろなアイデアが生まれました。そして、リーダー同士がどんどん横につながり、コミュニケーションをとるようになりました。どうやったらうまく運営できるか、集客の課題はどう解決するか、などを直接、話してくれるようになった。リーダーのエデュケーション、リーダーのトレーニングも、リーダー間でできるようになったのです。

コミュニティマネジャーやベンダー側の人間が1対1でやらなくても、ある程度のレベルまでは、彼らは自分たちでレベル合わせができるようになっていきました。

一つのポイントは、ここでも「関心軸」で人を集めることです。特に「困っている」ことをテーマにして集めると、会話になりやすいことがわかりました。そうすると、よくできている人と、困っていて課題を解決したいフォロワーという構図が生まれます。学びが得られ、課題の解決につながる。リーダー会でも、関心軸が人を惹きつけるのです。

自走化から地方展開、そして株分けへ

関心軸、コンテキストがいかに大切なものなのか。

実はＡＷＳでは、自走化や地方展開でコミュニティが大きくなるにつれて、私も想像していなかった事態が起きていきました。先にも少し触れましたが、ＡＷＳに対する関心軸が細分化し、コミュニティの「株分け」がなされていったのです。

たとえば、とにかくＡＷＳを使い倒したい、という玄人筋の人が増えてきて、「最先端の話だけでJAWS-UGをやりたい」という要望が出てきました。その一方で、初心者の人だけで「自分たちのレベルに合ったJAWS-UGをやりたい」という意見もありました。また、女性の方が参加しやすいように、「女性だけのJAWS-UGを」という声も上がりました。

リーダーとフォロワーが重要

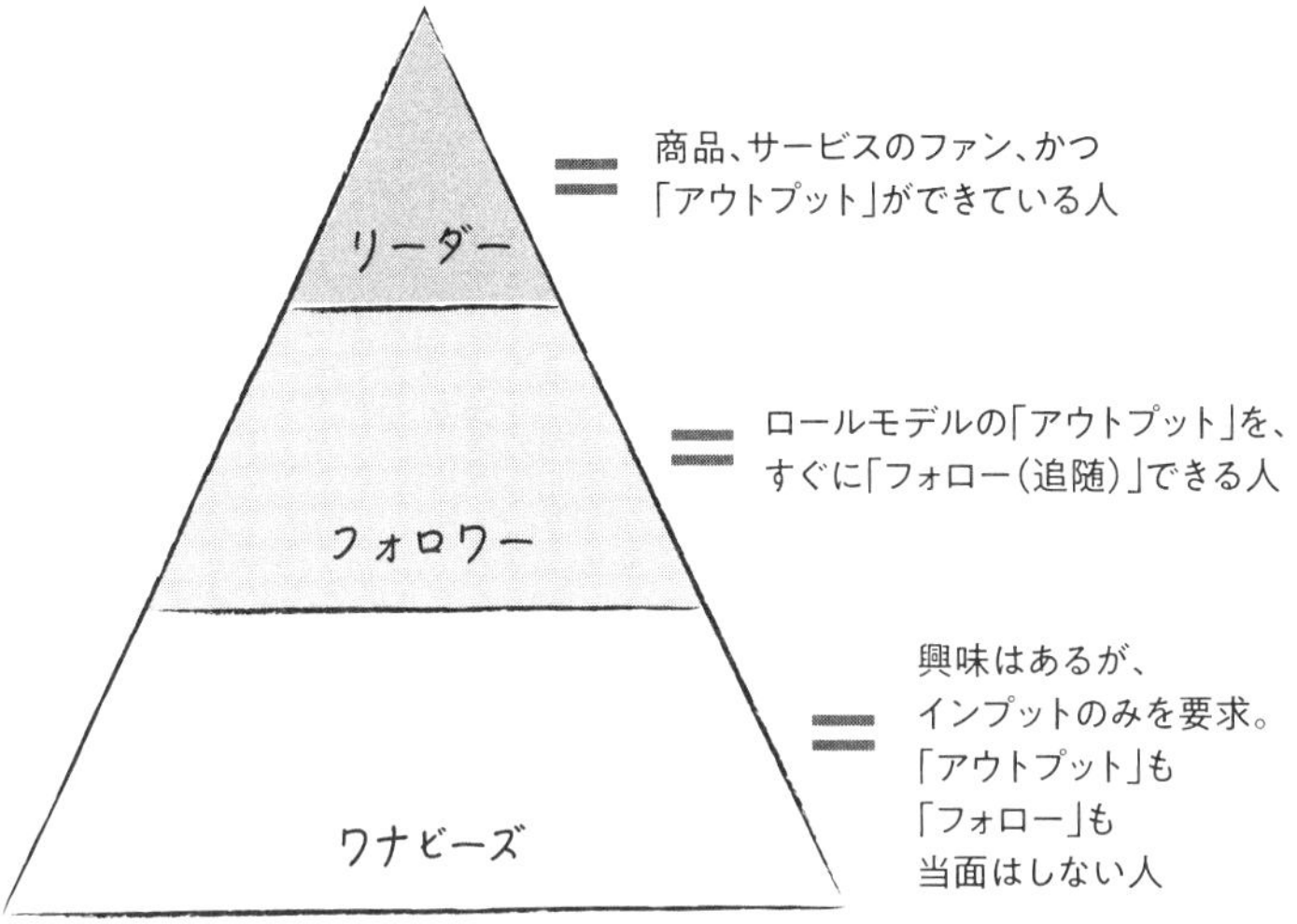
リーダー
＝
商品、サービスのファン、かつ「アウトプット」ができている人
フォロワー
＝
ロールモデルの「アウトプット」を、すぐに「フォロー（追随）」できる人
ワナビーズ
＝
興味はあるが、インプットのみを要求。「アウトプット」も「フォロー」も当面はしない人

関心軸がよりはっきりしてくると、満足度もより高くなります。そしてアウトプットしたときに、より見つけられやすくなります。そうすると、また人が集まります。

私は、先の「焚き火理論」になぞらえて、よくコミュニティを、リーダー（種火）、フォロワー（枯れ枝）、ワナビーズ（生木）の3角形で示します。

細分化された関心軸によって分かれた小さな3角形が4つ、5つと増えてそれぞれが大きくなっていくと、全部を足したときにとても大きくなるのです。しかも、小さな三角形のほうが、進化のスピードは速くなっていく。

株分けのきっかけは、次のようなツイ

ートが出てきたり、会話が聞こえてきたときでした。

「こういう話を聞きたかったのに、あまりそういう話がなかった」

「最近出た、新しいサービスの話が聞けると思ったら、前に聞いた話と同じだった。期待したのと違った」

こうした声が、株分けの一つのフラグになり得ます。当初は期待値調整をするために、コミュニティで「今回は初心者向け」「今回は玄人筋向け」などとテーマを分けて設定するようにしました。これはこれで意味があったと思っています。

たとえば、初心者の人でも、「玄人向けの回」に参加してみたら、話は半分以上わからなかったけれど、こんなこともできるんだ、ということに気づけたりする。最初から難しい話だとわかっていれば、少なくともがっかりされることはありません。

逆に、最初から「初心者向け」だと銘打っておいて、そこに玄人がやってくるのも悪くない。「自分にもこんな時代があったな」と思いながら、聞けたりする。がっかりはしないでしょう。

しかし、やはり関心軸がピッタリとはマッチしないので、満足度そのものは高くない。同じような会をまたやるとしたら、次は来ないかもしれない。だから、レベルや関心軸のブレやズレが大きくなり始めたら、ある関心軸で株分けしたほうがいいと思います。

多くのケースで、株分けする前に「××特集」のようなものができていき、そこで異常な盛

コミュニティ拡大の3つの軸

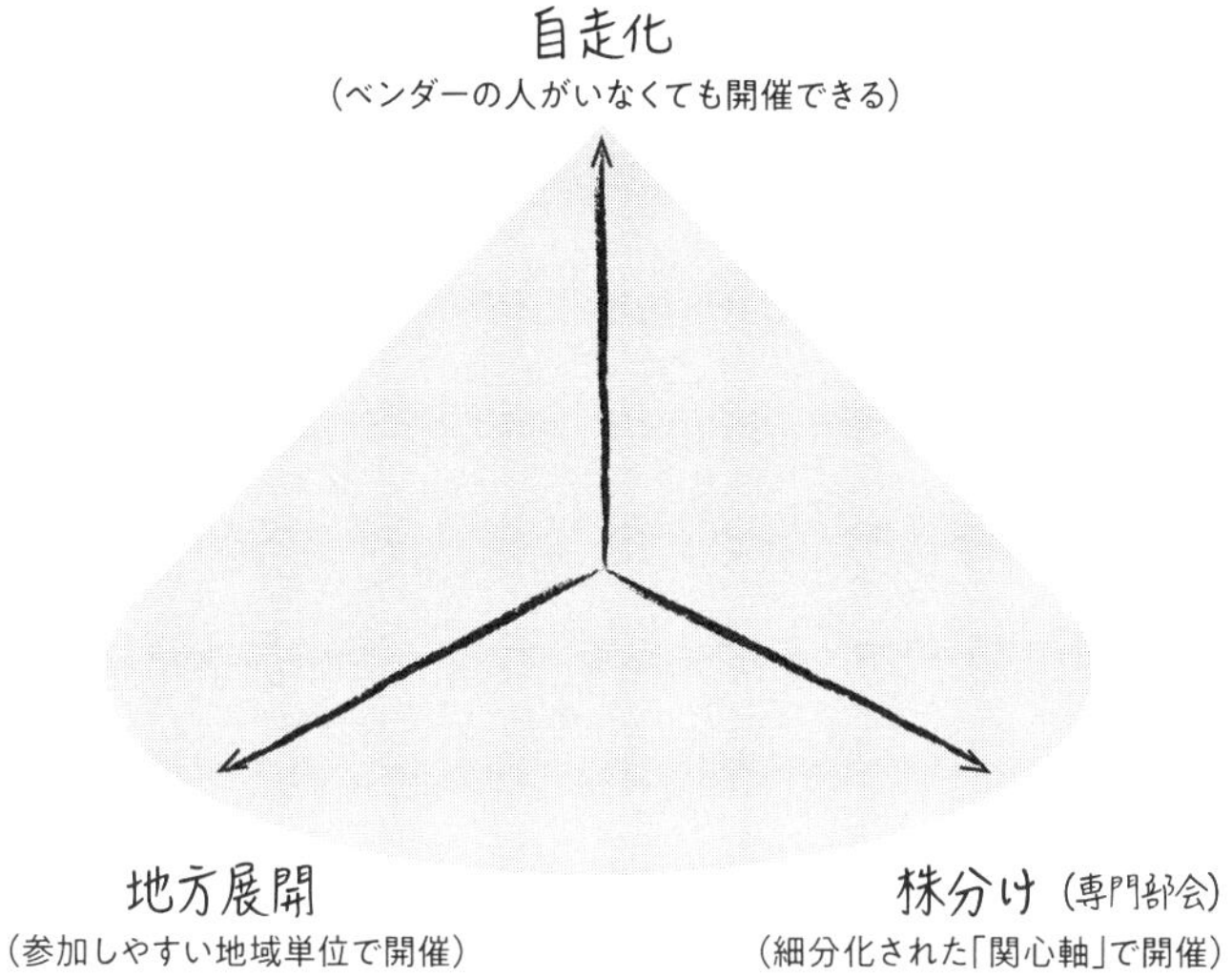

り上がりを示したりします。JAWS-UGでも、セキュリティやネットワークに特化した話題で盛り上がったりしました。こういうときには、次回は株分けする。関心軸に十分な人数が集まったら、分かれたらいい。そして、本来のJAWS-UGは「平常運転」に戻す。

単に分けることが目的なのではありません。ある程度、関心軸に人数が集まる必要があります。ＡＷＳでは、20人から30人もいれば十分だと思いました。本当にやりたい、という人たちで三角形ができていれば、コミュニティとして機能します。

後にJAWS-UGでは、株分けすることが文化として根づいていくようになりました。やりたい人が、「この専門支部やります」と手を挙げることが推奨され、そうすると、「だったら私も手伝います」などと協力者も現れて始まっていくことがほとんどでした。

私の役割は、手を挙げた人に念押しをして、こんなふうにやるといいですよ、こういうところに気をつけましょう、とアドバイスをすることでした。多くのケースで、初めてコミュニティをドライブする人が多かったからです。そしてコミュニティのドライブも、一つのモチベーションになっていきます。

JAWS-UGでは、Facebookグループが手を挙げる場になっていました。「今度こういうのをやりたいのですが……」と誰かが投稿すると、「いいんじゃないですか！」となる。

反対はないと確認されたところで、「では、いつからやります」「スピーカーやりたい人いますか？」などのコミュニケーションが始まり、それが公開されると賛同者が集まってきます。

こうして関心軸ごとに、どんどん分化していき、自走、地方展開、株分けの3軸でJAWS-UG全体も大きくなっていきました。

コミュニティリーダーは新陳代謝が必要

コミュニティのリーダーは、できれば3人がいい、と推奨していました。地方に行くと、もともとコミュニティ人口が少ないこともあって、何でもひとりでやってしまう「ワンオペ」の人もいますが、どうしても負担がかかってしまいます。

私の基本的な認識は、リーダーは複数いたほうがいい、ということです。それが、コミュニティが一番大きくなりやすいフレームワークの一つだと考えているからです。

そしてもう一つ、リーダーについて大事なことは、新陳代謝です。

仕事が忙しくなったり、家庭の事情が変わったり、といった外的要因で参加できなくなったり、リーダーとしての熱量をずっと持続させるのは、なかなか簡単なことではありません。

そこで私が伝えていたのは、新しいリーダーにどんどん代わってもらいましょう、というメッセージでした。代わるのが健全で、普通ですよ、と。いい人がいたら、安心して次の世代に渡していくのがいいのです。

ＡＷＳでは、リーダーの任期は決めていませんでした。任期を設けるやり方もあると思いますが、そうしなかった理由はいくつかあります。個人の資質に依存する部分が大きいのと、特に地方では後継者不在問題があり、リーダーが不在になるリスクが潜んでいたからです。

それこそ若い人がコミュニティでＡＷＳを触り始めると、「彼はなかなか有望だ」と見つけられてしまい、どんどんステップアップして「東京に行くことになりました」と地方を離れてしまうことも少なくありませんでした。

となると、新陳代謝を推奨したとしても、後継者がめったにいない、という話になってしまうのです。だから、任期を決めることはしませんでした。

しかし、それでも「新陳代謝はしたほうがいい」「したほうがラクですよ」という話はよくしていましたし、コミュニティのリーダーはみな、一生懸命に後継者を探していました。

大事なことは、**新陳代謝はいいことなのだ、とポジティブに伝えること**です。

そうすることで、リーダーは降りやすくなる。そして、降りた人が今度は新しいリーダーに、「新陳代謝は大事。次の人が見つかれば降りるといいよ。そのほうが活性化するし、大きくなるよ」と伝えていく。私が言うのではなく、実際のリーダーたちが言うわけですから、説得力が違います。そしてリーダーを降りても、新しいリーダーがいるので、きちんとインプットももらえるし、アウトプットもできる。コミュニティは継続していくのです。

実のところ、リーダーが代わっても、コミュニティはそれほど大きくは変わりません。新しいメンバーも入りますが、もともとのメンバーも残っていることが多いからです。むしろ、急激な変化は、株分け時に現れることのほうが多い。新陳代謝の場合は、コミュニティのメンバーもカルチャーも、継承されることのほうが多いです。

逆に、「意図的」にコミュニティリーダーが居座ってしまうと、活動が停滞することが多いです。そういうことが起こりにくくなるように、コミュニティの自浄作用が働きやすくなる意味も込めて、新陳代謝をすすめることは必要です。

新陳代謝するということは、コミュニティが成長する、長生きするということに、リーダーのみなさんに気づいてもらうことが重要なのです。

組織への「期待値設定」の重要性

先にコミュニティマネジャー、コミュニティマーケターに必要な資質として、マーケターであること、人に好かれる人であること、会社との交渉力があること、の3つを挙げました。

逆に、危ないタイプ、向いていないタイプというのも、実は存在します。

典型的なのは、「会社がわかってくれないんです」という言葉がすぐに出てくる人。「私はみなさんの味方ですから」とコミュニティに言ってしまう人です。

どうして会社がわかってくれないのかといえば、その人が会社にコミュニティのマーケティング的な価値をきちんと説明できていないからです。そうすると、このコミュニティは、会社からの信頼やサポートをどんどん受けられなくなります。

ですから、会社にしっかり伝えないといけない。いきなり大きくはならないけど、拡がり出したらスケーラブルであること。それに必要なのは信頼の構築であること。お客様の声がきちんと入ってくること。お客様がお客様を呼んでくること……。だから、コミュニティづくりをやっています、とはっきり伝えて、会社に理解してもらう必要があります。

それができていないと、「このコミュニティというのに、いくら予算を使ってるの?」などという話になってしまう。会社がコミュニティを誤解して、お金を払って何かするものだと思い込んでいると、まったく意味が伝わらなくなります。

コミュニティでメンバーが情報を出し合い、それをアウトプットして発信し、そうすることで、発信された情報を目にした見知らぬ人たちにも響いて、商品を使い始めたりする……。

目指しているのは、こういうことだ、という期待値設定をしておかないといけません。それができていなくて、「お前、いつもお客さんとピザとビールでイエーイ! とかやってるのか?」などと言われたとき、きちんと返答できない人は、どんどん立場が弱くなります。そして最後は、コミュニティと会社を対立軸で捉えてしまうようになる。

会社がわかってくれない、というのは、自分が説明できていないこと、会社との期待値設定がすり合わせられていないことの裏返しなのです。

私の感触としては、このケースは意外に少なくありません。会社に理解してもらおうという努力が足りないのです。その一方で、コミュニティづくりの目的が変わっていってしまう。こ

コミュニティマーケティングのポジション

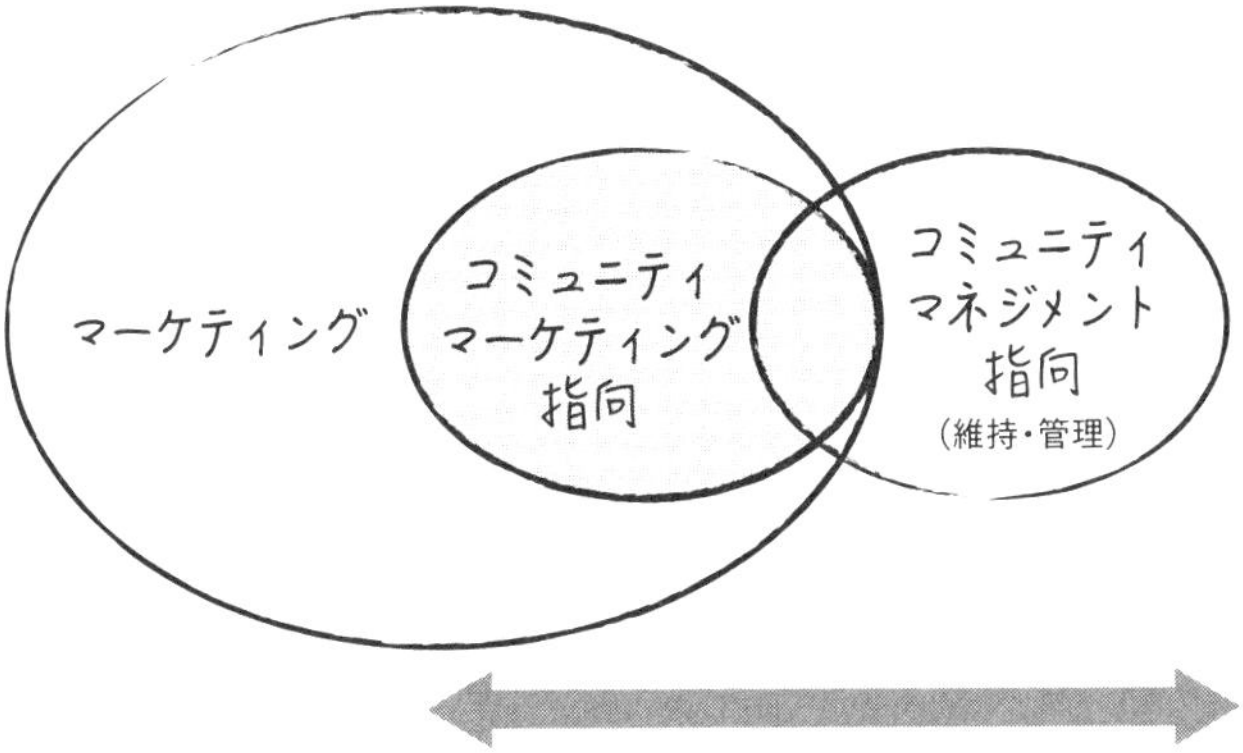

【目的】コミュニティの拡大（＝共感者増大）

【フォーカス】
- 新規参加者比率
- 外部へのアウトプット数
- 自走化

【目的】コミュニティ維持

【フォーカス】
- リピーター比率
- 製品へのフィードバック
- リレーションシップ

のコミュニティは大事だから維持しないといけない、という発想に向かう。

しかし、もしコミュニティが拡がっていかないのであれば、コミュニティマーケティング的には意味がないし、つくり直したほうがいい。間違った方向に育ててしまったら、大きくならないからです。

集めた種と、育て方を間違えると、期待した成果は実らない。それなら、新しいところで、種を植えてやり直したほうがいいのです。

すでにあるコミュニティをなくすというのは、ショックな出来事かもしれませんが、「新しい器に移ります」と潔くメッセージしたほうがいい。そして、期待値設定をあらためて行う。何のためのコミュニティなのか、目的をはっきりさせます。そうすることで、合っている人はやって来るし、合わない人は来なくなる。その後、しっかり水をあげるべきは、新しいコミュニティです。

実はJAWS-UGをつくるとき、すでにAWSについてのコミュニティが「mixi」の中にありました。そのメンバーは、技術にはとても関心が高いけれど、AWSが好き、というよりもクラウドを支えるテクノロジーそのものに関心がある人が多かったように思います。いろいろな技術比較などに興味がある人のほうが多い……。

これを母体にしたら、コミュニティマーケティング的にはうまくいかないと思いました。期待値設定が違いすぎるのです。そこに参加していた人で、後にJAWS-UGに参加する人も出てきますが、関心軸の違いはきちんと提示するようにしました。

それなりの人数のコミュニティがあれば、ついそれを母体にしたくなってしまう。でも、私には、アドビ時代の経験値がありました。一度できてしまったコミュニティの方向転換はすごく難しいということがよくわかっていたのです。

コミュニティの目的を見失わないこと。そして、会社にその意義をしっかり伝えること。それが、コミュニティマーケターやコミュニティマネジャーには求められるのです。

費用投下よりも、人材投下が効果的

繰り返しますが、コミュニティはお金では買えません。

マスマーケティングがやりやすいのは、代理店がいて、チャネル（販路）やインプレッション（広告の露出頻度）を買ってくれるからです。

それは、極論すれば、お金さえあれば、誰でも買えるということ。もちろん、どのチャネルがいいか見立てたり、クリエイティブを見抜く力は必要になりますが、それもある程度は代理店にお任せできるものです。

しかし、コミュニティマーケティングは違います。適した人材が必要です。その意味では、きちんとした人的投資ができる会社でなければ難しい、ということがいえると思います。

ときどき「で、いくらあれば、できるの？」「予算をいくらつければいい？」と聞かれますが、これは、私がもっとも答えにくい質問です。そういうことを聞いてくる会社には、そもそも難しいかもしれません。誰でも買えるものをオーダーしている感覚だからです。

もちろん、広告ひとつとっても、お金の使い途はいろいろありますが、「１００万円入れたら、コミュニティの数が10倍になる」といった発想は、コミュニティマーケティングにはありません。**コミュニティは、お金だけでは買えないから価値がある**のです。

最近では、コミュニティマネジャーをアウトソースしたり、新たに雇ったりするケースもあるようです。この本でも書いているように、フレームワークやメソッドは存在しますから、よくわかっている人を雇うことは悪くないでしょう。

ただ、間違ってはいけないのは、「本当に商品愛があるか」が問われてくることです。

特に外注の場合は、実行者はあくまで会社のマーケティング部門で、外注先は「コーチ」として伴走してもらうほうがいいと思います。

そこで「代走」されてしまうとうまくいきません。お金を積まれた人が「これいいよ」と言っているのは、すぐに見抜かれてしまうのです。

私自身、パラレルキャリア先の、どんな商材やブランドでもコミュニティをつくれるとは思っていません。自分が「これはいい」と本当に信じるものでなければ、やはり難しい。そもそもやる気も起きません。

だから、自分が「中の人」としてコミュニティをつくるのは、自分が本当に「これはいい」と思っている商材だけです。それ以外は、実行者が別にいて、伴走する形にしています。

もう一つ、懸念があるのは、デジタルマーケティングをはじめ、目に見える数字ですべて理解したい人には、けっこう難しいかもしれない、ということです。「どうやって計ればいいか」

「なんと言えばいいか」といった、「答え」を求める人が多いからです。

だから、こうした人とコミュニティマーケティングの仕組みをつくっていくときには、会議の中でのオープンクエスチョンを私は禁止します。「こうしたいけど、どう思いますか」なら、会話になるけれど、「どうすればいいか」には答えない。

コミュニティマーケティングの場合、セオリーやフレームワークはあっても、絶対的な正解はないことが少なくありません。最終的に答えに近いところを一緒に考えたり、教えたりはしますが、いきなり答えを教えてください、ではなかなか成長もできない。

お金では買えないのがコミュニティマーケティングですが、コミュニティマーケティングができる人材を育てられれば、逆にいえば、ほとんどその人のコストだけで済みます。

マスマーケティングと比べると、驚くほどの低コストで済むはずです。

「そうはいっても難しいね」という感想が返ってくることがあります。

そういうときに私が返すのが、この言葉です。

「では、これまでのマーケティングのように、新規顧客の獲得に無駄玉をたくさん打ちながらリーチし、お金がとんでもなくかかっているのに、その先にうまく進めない。そんな状況をずっと続けるのですか」

ちょっと気が効くコミュニティマネジャーと、コミュニティマーケティングをするためのフレームワーク、会社の理解がセットになれば、確実にお客様になる人たちにリーチできて、スケーラブルなマーケティングができるようになるのに、です。ＡＷＳがそうだったように。

ですから、いろいろな会社でコミュニティマーケティングの話をさせてもらっていますが、要するに、JAWS-UGみたいな世界がつくりたいかどうか、なのです。もし、やってみたい、ということであれば、「難しいね」というのは解決しないといけない課題になります。

もとより、難しいからやめる、というのは、本末転倒です。こういう形をつくりたい、という人がいて、組織がＯＫと言わなければ、やらない理由などいくらでも出てきます。そんな人はいない、忙しい……。

しかし、それでは現状を変えられないということです。やりたいなら、どうすればそういう人が育てられるのか、考えないといけない。片手間ではできません。とりあえずやっとけ、でもうまくいかない。

コミュニティマーケティングは、会社が本当に腰を据えて取り組みを進めないと成功しないものですし、また、その価値があるものなのです。

第 4 章

COMMUNITY

「コミュニティマーケティング」の実践ケーススタディ

MARKETING

顧客の自発的な行動で成り立つコミュニティマーケティングは、マーケティングの本質を突いていると思いますが、どんな商材にも向いているかといえば、そうではありません。この章では、コミュニティマーケティングが効果を発揮しやすい商材やビジネスモデルについて、実例を挙げながら考えてみたいと思います。

CASE1▼LTV（ライフタイムバリュー）が重要な商材

効果が期待できる商材の例として、まず、**ＬＴＶ（Life Time Value＝顧客生涯価値）が重要なもの**が挙げられます。

最終的に、顧客にどれくらい長く、たくさん使い、買ってもらえるか、が問われるもの。つまり、ファンの存在が不可欠なもの、です。一生に一度しか買わない商材よりも、何回もリピート購入するもののほうが、ファンの意味は大きくなります。

特にＩＴの世界を中心に今、注目を浴びているビジネスに**「サブスクリプションビジネス」**があります。サブスクリプション（subscription）とは、定額課金制によるサービスの継続利用のことで、これが、あらゆる方面に展開されています。

たとえば、パッケージソフトを買って使うというよりは、月額の定額支払いで「SaaS（サービス＝Software as a Service）」を使う、というのが主流になっています。

娯楽の世界でも、かつては音楽のＣＤを買うのが一般的でしたが、月額の定額支払いで膨大な曲が聞き放題、というサービスが出てきています。これもサブスクリプションです。

しかも、ソフトウェアにしても、音楽の聴き放題サービスにしても、最初のトライアルは無料というものが多い。そうすることで、説明コストが下がるのです。購入前に一度も試せないとなれば、営業担当者が機能やメリットを伝えないといけなかったり、ウェブサイトで使ってみましょう、と説得しなければいけませんが、無料ならばそれが不要になります。

まずはユーザーが使ってみて、よいと思えば有料のプラン（最初は一番低価格なベーシックプランのようなもの）に切り替えて使い始め、その後は、より高機能かつ高額なプランを購入したり、より多くの人数で使うような流れになっていく。

当初はフリーミアムモデルがなかったＡＷＳでも、現在は月額６００時間近い無料枠が用意されています。その時間を超過すると、１時間当たりいくら、という従量制の課金に移行する仕組みです。

こうしたサブスクリプションビジネスで重要なのは、**いずれはコストに見合うだけの数のお客様を獲得しなければいけない**、という点です。長く使ってもらうことで、お客様の数がどんどん積み上がり、ビジネスがスケールしていきます。逆に、一定のお客様が集まらないと、ビジネスが成功するのは難しい。かかるコストが賄えなくなるからです。

その意味で**重要な指標となるのが「チャーンレート（解約率）」をどれくらい低く抑えるか、**です。これは、新規獲得以上に大切で、長く使い続けてもらうことのほうが、サービス提供側にとっては利益につながるからです。

ここで、解約を防ぐために、コミュニティがうまく作用します。ファンが集まるコミュニティを構築することができれば、「うまく使えている人」の話を聞くことができるからです。「これ、使いにくいな。止めちゃおうかな」と思っているところで、うまく使っている人の情報に接することができれば、「なるほど、こんな使い方をすればいいんだ。じゃあ、うまく使っている人にならって使ってみよう」ということになる。**コミュニティマーケティングが、解約を防ぐために生きてくる、**のです。

ソフトウェア以外でも、定期的にある商品の詰め合わせをeコマースで購入する、といったサブスクリプションビジネスが出てきています。

「ここのお任せがいいんだよね」「このブランドが一番だ」とお客様が思わないと、ビジネスは続いていきません。それを補強するのがファンの存在です。そんなファンの声が周囲に届くための器として、コミュニティは有効に作用します。

最近では、製造業の世界でも、サブスクリプションに関心が向いています。たとえば、航空機のエンジンも、買い切りではなく何時間稼働させるといくら、という課金方式に移行してきています。ＩｏＴ（Internet of Things）やクラウドを組み合わせ、稼働時間を算出して、使った分だけ支払う。その利点は、稼働状況をメーカーが理解することで、ＬＴＶが上がることです。

適切な時期にメンテナンスをしたり、パーツを交換できる。そうすることで、壊れた後に修理をする、という後追い的状況も防げます。

トヨタ自動車が「MaaS（マース＝Mobility as a Service）」事業の一環で、自動車をサブスクリプション型で顧客に提供するビジネスを発表しました。これは、既存の自動車会社同士の争いというより、これからMaaSの世界に異業種からどんどん参入があることを見越しての発表だと言われています。

従来の売り切りモデルからサブスクリプション型にいち早く移行することで、ＬＶＴの高い顧客を確保しようというねらいでしょう。

航空機のエンジンやトヨタの例は象徴的ですが、今後は、製造業を含め、いろいろなところにサブスクリプションが拡がっていくと思います。そのとき、コミュニティマーケティング＝優良顧客から他の顧客への推薦が効果を発揮することになる、と私は考えています。

CASE2▼まだカテゴリーが十分に認知されていない商材

すでにカテゴリーが認知されている分野であれば、商品力や価格訴求で勝負できることは少なくありません。

たとえば、Amazonがクラウドでなく PCを出したのだとしたら、戦い方はファンを地道につくっていくというよりも、他のPCに比べて「これだけ安いですよ」という価格戦略や、「こんなサポートがついていますよ」という訴求で十分通用したと思います。

商品のカテゴリーが認知されていれば、商品力の差異を訴えることができるわけです。

ところが、10年前のクラウドは、その価値自体がほとんど理解されていませんでした。

新しい概念を広めていくには、理解者を増やしていかなければなりません。

そして、理解者が増えてくると、商品カテゴリーが認知されるようになる。これを担ったのが、AWSの場合、コミュニティだったのです。

そして、カテゴリーが十分、認知されていない状況の中で、最初にカテゴリーをつくることができたら、競争力は高くなります。これはどんな商品でも、そうだったはずです。

飲料でも食べ物でも、そのカテゴリーを最初につくった企業が、その時点ではおそらくビジネスとして一番いいポジションにいます。

そして、そのビジネスの規模が大きくなるのに比例してファンが増えていく。そうすると、そうそうひっくり返されなくなる。もう、そのカテゴリー＝その商品のイメージができているからです。後発が出てきたとしても、なかなか差を詰められない。

一方、カテゴリーが決まっていないということは、説明に時間を要する、ということです。これは何か、というのがふわっとしているものを、ベンダーが説明してお客様にその気になってもらうのは、大変なことなのです。

しかも、新しいカテゴリーはマス広告も効きにくい。クルマであれば、「燃費がいい」「デザインがいい」などと訴求すべき具体的なポイントがありますが、クラウドはどうでしょうか。「サーバーはもう買わなくていい」という説明をしようとしているうちに、30秒が経ってしまう。説明するのに、時間がかかって仕方がないのです。

今では「クラウド」というだけで意味が通じるようになっていますから、「クラウドの世界で……」といった言い方ができますが、日本でAWSがサービスを始めた当初はそうではありませんでした。だから、コミュニティが有効に作用したのです。

JAWS-UGで強く感じたのは、**優れたコミュニティは、「わかっている人が、わかりたがっている人に話をしている構図」**なのだということでした。

説明してもムダな人には、時間をかけないのです。だから効率がいい。わかりたい人に、わかっている人が説明する場こそ、つくるべきコミュニティだと言っていいと思います。

初期の頃のAWSのファンの人たちは、自分たちでAWSのマーケットをつくっている、AWSを広めている、という感覚があったと思います。「オレたちのAWS」という自負と呼んでもいい感情です。これは「自分ゴト化」がとても進んだ状況でした。

もっとも、先にも触れたように、この状況をずっと続けることも危険です。コミュニティはマーケットの「写像」、もっといえば、実際のマーケットよりも一歩先の姿を反映していると私は考えているのですが、マーケットが大きくなっていく過程で、「自分ゴト化」のレベルが変わってくるからです。

たとえば、すごく尖った時代のAWSが好きだった人と、いろいろなことができるようになったAWSが好きな人は、感覚が違う。「こんなメジャーになったAWSは好きじゃない」という気持ちもわいてくる。「オレたちのAWSじゃなくなった」となりかねない。

しかし、それもプロセスです。「みんなに使ってもらえるのがいいよね」というフェーズにやがて移行していかざるを得ない。マーケットの写像ですから。ただ、「オレの好きなAWSが変わってしまった」というのも、「製品愛」があるからこそ、の言葉です。それは、とてもありがたいことです。

CASE3▼いいフィードバックループをつくることができる商材

お客様に商品やサービスを使い続けてもらうために、一ついい方法があります。

それは、改善ポイントをお客様からいただくことです。「こうしてくれたら、もっと使う」と言ってもらえるわけですから、これはとても有効です。

そしてコミュニティがあれば、こうした「商品・サービスのフィードバックループ」がつくりやすくなりますし、効きやすくなります。

会社の中には、「お客様から、いろいろ不満を言われるのは嫌だ」と考えるところもあります。褒めてくれるのはいいけれど、ここがダメだ、ここがイケてない、というクレームめいた話はあまり聞きたくない。

聞きたくないのはなぜかというと、要望に応えられないと思っているからです。

どんなに言われても改良はそうそうできないので、言われても困ってしまう、と。

しかし、実際には、すぐに要望に応えられなくてもいいのだ、ということを私自身もコミュニティを通じて知りました。まずは「わかりました」と言えばいいのです。「取り組みたいとは思うけれど、今はこういう順番で用意しているので、それを実現するにはちょっと時間がかかります」というコミュニケーションで、実はいいのです。

しかし、これができず、かたくなに「聞きたくない」となってしまうと、「聞いてくれないからフィードバックしない」という事態に陥ります。話を聞かない人や企業に向かってフィードバックを続けてくれる人はいません。そうすると、製品が進化するうえでの貴重な情報源を失っていってしまうことになります。

より使いやすく進化し続ける商品やサービスは、みんなが使い続けます。そして、長く使いたいからフィードバックし続ける。長く使っていただくうえで、お客様の声は絶対的に大事なのです。

フィードバックを聞きたくない、という人や会社にある大きなバイアスの一つは、**「聞いてしまったらすぐに対応しなければいけない」という思い込み**です。

しかし、実際は「今すぐできない理由」をきちんとコミュニケーションすればいいのです。

ところが、「無理難題をたくさん言われて困ってしまった」と考え込んでしまう会社が多い。

まずはきちんと聞いて、それに対応してコミュニケーションしている姿勢が重要なのです。

そうすると、10の要望が出てきて、2つか3つ対応できただけでも、「2つも対応してくれた！」ということになる。「8割無視された」とは言わないのです。

ところが、何か言われても返事をしない、コミュニケーションをしないと、本当に「無視された」になってしまう。

ここでコミュニティがありがたいのは、**顔が見えるほうがコミュニケーションを取りやすい**ことです。いきなりコールセンターに電話してフィードバックされるより、顔が見える場でフィードバックされたほうが話が合う。コミュニティがあれば、これが可能です。

コミュニティがないままフィードバックを受けようとすると、クレーム対応のような、基本的にネガティブな関係になりかねない。「今すぐ直せ!」といった厳しい声が、電話口から聞こえてきたりする。電話はある意味、最終手段で、怒っている人しかかけてこないケースが少なくないからです。

しかし、コミュニティはそうはなりません。「こうなるとうれしいんですよね」「これができるようになると便利になるんですよね」というフィードバックになる。コミュニティでいい関係を築けているから、いいフィードバックを受けることができる。

これはAWSで実感したことですが、普段、電話などでサポートを担当している社員を、コミュニティに連れて行くと、双方にとってとてもいい場になることが多かったのです。

サポートメンバーは、いつもは、感情的に怒っているお客様ばかりに相対していて、世の中のお客様はみんな怒っているんだと感じていたりする。また、自分たちの商品は、なんてダメなんだ、と自責の念を感じていることも多い。

ところが、コミュニティの場に行くと、「ＡＷＳは素晴らしい」と言ってくれる人がたくさんいるわけです。こんなに自分たちの商品にポジティブな人がいる、というのは、本当に勇気づけられた、と語る担当者も少なくありませんでした。

自分たちの商品を評価してくれる人がたくさんいる、という事実は、サポート担当の心を強くします。それをわかって厳しい声に対処するのと、「世の中のお客様はみんな怒っている」と思って対処するのとでは、対応もまったく変わるでしょう。

また、サポート担当のモチベーションも変わってきます。

実際、ＡＷＳでも、私が今お手伝いをしている「Stripe」でもそうですが、サポートやカスタマーケアを担当しているメンバーが来て話をすると、コミュニティの人たちから感謝されるのです。「いつもありがとうございます」「いいサポートをしてくれてありがとう」という声が出てくることも多い。

ＡＷＳで初期の頃にサポートを担当していた松井さんという方がいるのですが、彼はコミュニティに行くと、「オレたちの松井さんが来た！」とみんなに大歓迎されました。こういうことが起こるわけです。

もちろん、彼のスキルの高さもありますが、それに感謝している人たちとの出会いの場が、いかに彼に力を与えたことか、ご想像いただけると思います。

ちなみにＡＷＳでは、コミュニティを通じて集まった「こうしてほしい」は積極的に米国本社側にもフィードバックしていきました。コミュニティに参加しているのは、熱量の高い人たち。そういう人たちの「こうしてくれたらもっと使いますよ」という声は本当に貴重でした。

そもそもAmazonには、フィードバックループを大事にするカルチャーがありました。ｅコマースの部門では、今でも経営幹部がコールセンターの業務に就く研修があるはずです。「今朝、来ると言われていた商品が来ない」といったお客様からの実際の連絡を、幹部社員が対応する。こうして、お客様の「リアル」を体験・理解するのです。

ＡＷＳは先にも書いたように年間１０００件を超えるソフトウェアの機能アップデートがありましたが、それは、Amazonが元々もっていたフィードバックループを重視するカルチャーが作用していると思います。

そして、それらのアップデートは「痒いところに手が届く」ものであることが多数を占めています。派手じゃないし目立たないけれど、実際のユーザーからは「来たよ、神アップデートだよ」「待ってました！」といった反応が多かった。そして、その機能について書かれた好意的なブログが一気に世に出ていくのです。

このように、フィードバックループが必要な製品や企業においては、コミュニティの果たす役割はとても大きいのです。

CASE4▼コミュニティ文化を理解している利用者が多い商材

当たり前のように聞こえるかもしれませんが、「コミュニティ文化を理解している利用者が多い商材」であれば、もちろんコミュニティマーケティングは効果的です。

実は、コミュニティの話をすると、よく不思議がられることがあります。

それは、コミュニティの人たちは、どうして見返りがあるかどうかもわからないのに、先に「ギブ」ができるのか、ということです。どうして大事な情報を人に与えたりできるのか、と。

そんな人は本当にいるのか、と聞かれることもあるのですが、一つ言えるのは、ITの分野では比較的、アウトプットすると、インプットが返ってくることに慣れている人が多い、ということです。高品質で有用なソフトウェアを無償で公開するオープンソースなどは、その象徴的な事例かもしれません。

逆に、惜しみなく与えている人が、どんどん搾取されていくようなことが起きれば、もう誰も情報を出さなくなるでしょう。

ちょうどウェブにとてもいい記事がありました。「惜しみなく人に与えて成功する人」とそうでない人の違いについて書かれたものです（次ページ図）。

この記事に、私がかねてから思っていたことが、ずばり書かれていたのでした。**「与える人

にはリターンがある」というのは、コミュニティに参加する人にとって大きな魅力であり価値であると私は書いてきているわけですが、では、あらゆる世界でそうなのか、といえば、必ずしもそうではない、という現実もあるのです。

「惜しみなく人に与えて成功する人」と「単に搾取されてしまう人」の紙一重の差とは。

キャリア　こちら広報部　ビジネススキル　ライフハック　会社の人間関係　生産性

Ascent Business Consulting株式会社広報部　2018/6/25

いいね！4,532　シ　066　B!ブックマーク86　メルマガ登録（無料）　Facebookページ

こんにちは。コワーキングスペース「Basispoint」の運営会社、Ascent Business Consulting代表の北村です。

コワーキングスペースを運営していると、数多くのコンサルタントや、フリーランスの技術者、起業家などにお会いします。

中には大成功を収める人もいるのですが、彼らをよく観察すると成功者と言われる方々には、一定の共通項があるように見えます。

成功者は、成功するべくして成功する。

『「惜しみなく人に与えて成功する人」と「単に搾取されてしまう人」の紙一重の差とは。』（アセント・ビジネス・コンサルティング代表・北村 貴明氏のブログより）
https://blog.tinect.jp/?p=51988

というのは、もらった情報をただ消費し続けるだけの人もいるからです。私は「クレクレ君」と呼んでいるのですが、いつも「ギブ」の前に「テイク」ばかりを要求する人。同記事では、惜しみなく与える人は大きな成功を手にしている人もいるけれど、そうではない人もいて、「両者を分けるのは、与えたものの受け手が誰だったのかということだ」と書かれています。

つまり、惜しみなく与えることは、成功することにとても大きな意味を持つけれど、与える相手は選ばないといけない、ということです。したがって、**コミュニティに「クレクレ君」をたくさん入れてしまうのは危険**なのです。

情報を与える人と、もらう人にすっかり分かれてしまったら、情報を与える人には何も入ってこなくなります。そして、もらう人は、ただひたすらもらって、自分のためだけに利用しようとしたりする。これでは、コミュニティの場が荒れてしまいます。

そうではなくて、与えられたらそれを喜んでくれる人、与えることを真似ようとする人がたくさんいることで、コミュニティはうまくまわっていくのです。

ただ、「クレクレ君」をすべて排除するのは、簡単なことではありません。そこでコミュニティの運営で注意をする必要があるのは、情報を出そうとする人が「クレクレ君」に消費され過ぎないように気をつけることです。

情報を本当に欲しそうな人に渡すこと、情報を本当に欲しそうな人に見つかりやすい情報の出し方を考えていくことなのです。

コミュニティの参加者の中には「情報は出さなくちゃ……」と頑張ってくれる人がたくさんいるだけに、「クレクレ君」のあしらい方を教えておいたほうがいい。それはもしかすると、惜しみなく与えて成功する人のやり方を間近で学ぶ、ということでもクリアできることなのかもしれません。

いずれにしても、コミュニティの運営者は、場を安全にする必要があります。また、情報を出す人たちのモチベーションをアップしておくことも大切になる。言い方を変えれば「コミュニティ民度」を高めていくことです。

基本的な考え方は、情報を共有し合えば、みんなが利益を得ることができるということ。だから、たくさん教えてもらったら、自分も少しくらいアウトプットしよう、と考える。そういう人たちが集まるといい、というメッセージを発することです。

それこそ、聞いたことを、「これはすごくいい話でしたね」と自分の感想をアウトプットしていくだけでもいい。そしてそういうときこそ、コミュニティの運営者は、その行動を肯定し、「いいね！」と伝える。やってほしいことをしてもらえたら、感謝の気持ちを言葉にするといったように、常に意思表示をしていくのです。

逆に、やってほしくないことへの対応はシンプルです。スルーです。極力反応しない。ネガティブにでも反応すると、反応があった、手応えがあったと思われるからです。そうではなく、無視します。そして、育ってほしいものだけに反応するのです。

その意味からも、コミュニティの作法に慣れた人がいるIT業界、とりわけオープンソースやクラウド系のサービスはコミュニティマーケティングに適した商材と言えるでしょう。

CASE5▼すでに熱量の高いファンがいる商材

一般消費財など、IT商材以外でもコミュニティはつくることができます。そこに、もう一つのポイントがあります。それは「すでに熱量の高いファンがいる商材」です。

そうした熱量の高いファンを中心にコミュニティを組織すると、マーケティングファネルにおける「自分ゴト化」しやすい人が増えていく。熱量の高いファンを、さらに増やしていくことができる。

しかも、商品をつくっている側が「この商品は最高！」と言って、ファンを盛り上げるのではありません。すでに熱量の高いファンが、そうでない人たちに「最高！」と言って説得してくれるのです。

ここがまさに、コミュニティマーケティングの肝の部分です。私はコミュニティマーケティングを多くの人に知ってもらって、「自分ゴト化」してもらえたら、と願っていますが、もしかすると私が話をするよりも、この後で紹介するサイボウズの担当者が「小島さんの話を聞いてやってみたらうまくいったんですよ」と言ったほうが、おそらくより多くの人に響きます。「真実の声」に、より近く聞こえる。少なくとも、この人はウソ偽りでなく、本当にそう思っているんだ、ということが伝わる。

ステマという言葉は、今や当たり前に使われるようになりましたが、どうしてこれほどまで、企業など当事者が発信する情報かどうかに人々は敏感になったのか。それは、もしかすると、だまされる経験が多かったから、なのかもしれません。

ただ、昔はそうはいっても、当事者が発信する広告などの情報を受け入れるしかなかった。そこからしか、情報を受け取りようがなかったからです。井戸端会議の時代は、その字のごとく、井戸を共有する範囲でしか拡がりませんでした。個人の意見がマスメディアに並ぶことはなかった。日本全国が知る方法は、テレビや新聞しかなく、それらを受け入れるしかなかった。だから、井戸端会議で、ある奥さんがいいと言っても、せいぜい近所の人たちがみんな同じものを買うくらいだったのです。

ところが今は、井戸端会議の声とテレビの広告は、ほぼ同じ効果を持ちうる時代になりました。インターネットと、ソーシャルネットワークの登場です。インターネットが物理的につなぐという民主化を実現させ、ソーシャルネットワークがコミュニケーションの民主化を成し遂げた。もう、マスコミュニケーションでなくてもよくなったのです。

そして、井戸端会議というコミュニティが広く世に解き放たれた。このコミュニティは、ミニコミュニケーションの連鎖です。だから、最初は小さくても、最終的にどこまででも行けてしまう。そうしてマーケティングファネルの総面積は、どんどん大きくなっていくのです。

逆にいうと、**初速が必要なビジネスには、コミュニティマーケティングは向いていません。**コミュニティマーケティングの「自分ゴト化」にはそれなりの時間がかかりますし、そこには「真実の声」がないといけないからです。

そして、聞いた人が本当にこれをいいと思わないと、次には伝えていかない。ただ、一度その連鎖が始まり出すと、どうやっても止められない。熱量の高いファンは、どんどん増殖していくのです。

だからこそ、すでに熱量の高いファンがいる場合のコミュニティは、熱量の高いファンを「どうスターにするか」を考える必要があります。コミュニティの頂点で、「あの人はすごいね」

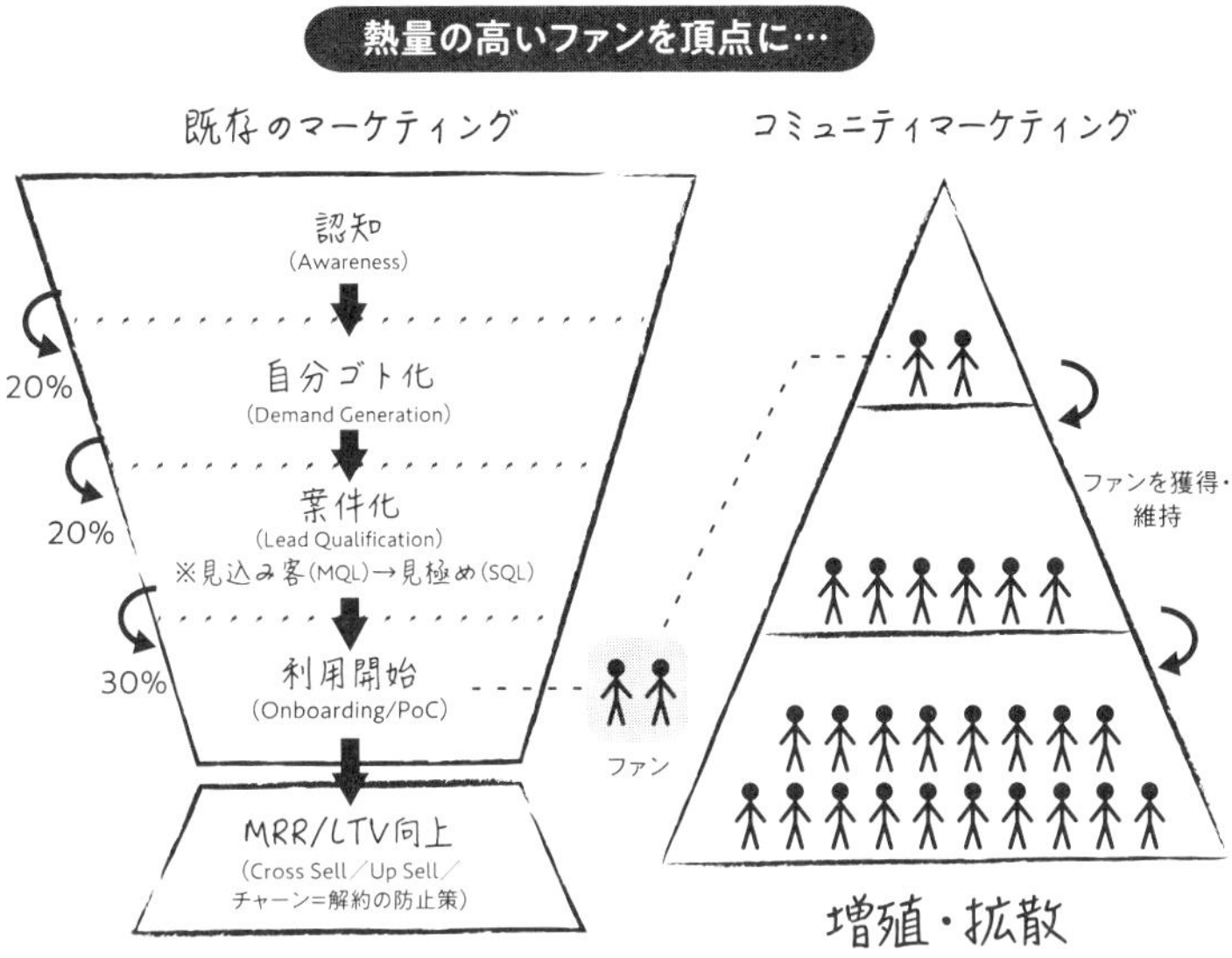

と思わせる場をどうやってつくるか。熱量の高い人たちが心地よくなる環境づくり、熱量が維持される場、もしくは、もっと熱量が高くなる場づくりです。

熱量の高いファンは、最初はひとりで燃えているのです。場がなくても燃えている人は、言ってみれば種火のようなものです。ですから、その種火を枯れ木がまわりにたくさんあるところに置いてあげる。そうすると、まわりが燃え、自分もますます大きく燃える。

そんなことが本当にできるのか、と思われるかもしれませんが、熱量の高いファンというのは、自ら能動的に燃えていくのです。なぜかというと、周囲の人に自分のおすすめを聞いてもらいたいからです。

相手にすすめて、使ってもらって、「よか

った」と言われると「だから言ったでしょう？」「私の言ったとおりでしょう？」ということになる。承認欲求です。自分の判断は正しい、と誰もが思いたいのです。

ここは勘違いをしてはいけないところですが、承認欲求は「オレを知ってくれ」というだけではなくて、「自分は正しい判断をした」ということに対する承認も大きいのです。

人間は、誰も自分が間違った判断をしたとは思いたくない。だから、たとえば飲食店で食事をしたことを何かに書くときも、「おいしかった」と書きたいのです。実際には、必ずしもそこまでおいしいとは思わなかったとしても、そう書きたがる人が多い。

「まずかった」と書く人は、実は意外に少ないのです。自分の選択が失敗したことを、世の中にわざわざ公表するのは気が進まない人が多いのでしょう。

BtoBは特にそうです。会社で「お前、いい選択したな」とみんなに言ってもらえるからです。また、「まわりがこんなにいいと言っているんだから、うちも使いましょう」とも言いやすい。とりわけ日本の場合は、「まわりがどうしているか」が、極めて重要な判断基準になります。その流れに乗るのは、極めて心地がよいことなのです。

こうしたファンがたくさんいる商材やサービスであれば、コミュニティマーケティングを導入する際のハードルはかなり低いと思います。

BtoB事例

AWSを参考にしたサイボウズ「kintone Café」

サイボウズ株式会社
（代表：青野慶久）
https://cybozu.co.jp/
事業内容：クラウドベースのグループウェアや業務改善サービスを軸に、社会のチームワーク向上を支援

AWS以外でコミュニティマーケティングの手法を活用して成果を出していることを標榜している事例の一つに、サイボウズの「kintone Café」があります。

私がAWSにいた2013年、サイボウズの担当者の方が私を訪ねて来られ、それがきっかけとなり、サイボウズでコミュニティマーケティングについて講演をすることになります。

サイボウズは、グループウェアで大きく成長した会社で、データベースアプリケーションをつくるための開発環境としてkintoneという名のツールを持っていました。

これはグループウェアとはまったく違う仕組みですから、kintoneを拡大するにあたって、サイボウズのブランド効果が働きません。

しかも、サイボウズはグループウェアを「利用する」もの、というイメージが強いですから、開発ツールを使って「何かをつくる」、というイメージは浸透していません。

そうなると、もともとのサイボウズのお客様ではない層にリーチしないといけなくなりますから、これは新しいチャレンジでした。

ただ、kintoneには「とても使いやすい」と早くから気がついた熱量の高いファンの方がおられたのです。しかも、「ものすごく気に入っているので、コミュニティをつくってミートアップしていいですか」という問い合わせがサイボウズに来てしまった。

それを聞いたサイボウズのマーケティング担当者が、どう対処すべきか考える中で、これはもしかするとAWSがやっているようなことができるのではないか、と気づかれたのでした。それで、AWSはどうやってJAWS-UGをつくったのか、を私に聞きに来られたのです。

私がお伝えしたのは、「コミュニティは農業と同じ。収穫は選んだ種からしか得られない」ということでした。「ファンがいて、熱量も高くて、コミュニティもつくれそうだけど、どうまわしていいかわからない」という中で、何より最初が肝心です。

いい種かどうか、きちんと見たほうがいいし、どんなふうに育ってほしいかも共有したほうがいい。だから、立ち上げはきちんと関与したほうがいい、と。

実際のところ、グループウェアとはまったく違う商材で、自社のブランド効果も効かない。グループウェアのファンから生まれたわけではありませんでした。だから、これはAWSでやったことの再現性がある、と私は思いました。

もし、JAWS-UGのようなコミュニティマーケティングが、AWSという商材と私という組み合わせでしか起こっていなかったら、コミュニティマーケティングは商品の特殊性に依存することになります。Amazonのブランドがあったからじゃないか、私に何かバックグラウンドがあったからじゃないか……。

実際にはそうではありませんでした。Amazonというブランドは、クラウドにはまったく効果がありませんでした。だから、ブランドと商材がまったく違ってもやれるはずだ、と私は思っていました。

ただ、一つだけ共通項が必要で、それがファンの存在です。ファンがいるのであれば、そこにコミュニティマーケティングというフレームワークを使えばいいと思ったのです。

「運営はユーザーサイドで行っている」と明言

私がサイボウズで講演をした後、担当者は、コミュニティマーケティングに取り組む、という社内の合意を取りつけたそうです。そして、マーケティングチームだけでなく、営業も含めたプロジェクトがスタートしました。

私は直接関わってはいませんが、核となる考え方はJAWS-UGをつくったときのものが応用されています。さらにkintoneでは、独自にそれを進化させていると感じました。これは、私自身にも学びになりました。

コミュニティの名前は「kintone Café」。そしてユーザーを中心にkintone Caféの事務局がつくられました。事務局は、コミュニティの中心になりますが、サイボウズでは、権威的なものではなく、トーン&マナーを合わせるための存在だと言っています。

たとえば、kintone Caféをいろいろな地方につくるときは、まずは事務局を通す必要があります。そうすることで、むやみにkintone Caféが増殖しないようにする。これによって、言ってみれば「野良kintone Café」ができるのを防ぐことができます。

kintoneはいいよ、と語るのはかまわないけれど、kintone Caféという名前でやるのであれば、きちんと事務局を通してほしい、と。そして、kintone Caféとは何か、理念や目指すところなどを共有してほしい、としています。kintone Caféを運営していくにあたってのお願いも、ルール化されています。

興味深いのは、運営はユーザーサイドで行っている、と明言していることです。

もちろん、サイボウズとkintone Caféの事務局メンバーとの距離感は近いですが、そこにはしっかり線引きがなされている。

実際、「kintone Caféの開催はサイボウズ株式会社様とは無関係です」という文言が明記されています。サイボウズからお金をもらってやっているわけではない、ということをアピールしているのだと思います。

これは、違う目的でやって来る人、たとえばサイボウズ公認、といったフレーズで商売をしようという人を寄せつけない意図もあるのでしょう。

「kintone Caféへのフリーライダーはダメ。商売したければ、自分でブランドをつくってやってください」と。

こういうことをはっきり明文化しているのも、AWSとの違いです。根幹の考え方やフレームワークは共通ですが、いわば実装の仕方が違う。これは、サイボウズが自社でいろいろなことを考えて下した判断なのだと思います。

すでに全国34支部に拡がり、全国からユーザーが集まるイベントも開催されています。実はJAWS-UGと両方のコミュニティに加わっている方もおられましたが、とてもいいコミュニティになっていると聞きました。

コミュニティマーケティングの、一つの成功例だと思います。

BtoC事例

熱狂的なファンを魅了した
ヤッホーブルーイング

株式会社ヤッホーブルーイング
（代表：井手直行）
https://yohobrewing.com/
事業内容：長野・軽井沢のクラフトビール「よなよなエール」ほか、ビールの製造・販売を行う

コミュニティマーケティングという言葉はおそらく使っていないと思いますが、ＡＷＳでやっていたこととと、とても近しいと私が感じていた企業が、クラフトビールメーカーのヤッホーブルーイングです。

ＡＷＳのコミュニティマーケティングとアプローチがとても似ているのですが、言語化の仕方がちょっと違う、という印象です。ヤッホーブルーイングは、ファンを大事にする、ファンイベントといった言い方をしますが、基本的な考え方は同じです。

私がとても共感したのが、年１回行われるファンのイベント「よなよなエールの超宴」です。全国から１０００人が集まるファンイベント。これが、あっという間に定員が一杯になってしまうのです。

しかも、2017年までは、これを本社のある長野でやっていました。1000人の人たちが長野まで、自腹で交通費を払ってやって来るのです。

しかも、有名なタレントやアーティストが出演するわけではありません。そんなことはファンも望んでいないことを、ヤッホーブルーイングはよくわかっているのだと思います。有名アーティストのファンが来たところで、継続して自分たちのビールを飲んでくれるファンになるわけではないのです。

では、何を求めてファンはやって来るのか。

イベントではクラフトビールを飲むことができるのですが、それは有料。この試飲だけが目的ではありません。ファンが、ファンに会うことができる。そのためにやって来るのだと思うのです。

熱量のあるファンが集まり、自分たちでも大いにビールを飲み、他のファンと語らい、ヤッホーブルーイングのビールが好きな人同士で盛り上がる。こうすることによって、「好き」感が肯定される。

こうなると、自信を持って自分の好きなものをすすめられるようになる。それまで以上に、人にすすめるようになる。SNSにアップして、「みんな、このビールいいよ」とすすめるし、「このイベント楽しいよ」と人が人を連れて来てくれる。

これをヤッホーブルーイングが行っているわけではありません。熱量の高いファンがやってくれているのです。

大きな会場を用意する必要がありますから、もちろん会社としても費用はかかります。1000人規模ですから、それなりの金額でしょう。しかし、テレビでマス広告を打つことを考えれば、費用対効果はとんでもなく高いと思います。

会場に来てくれるのは、ビールが好きな人、ヤッホーブルーイングが好きな人ばかりです。興味のない人は来ない。マス広告で興味のない人にまでリーチしているわけではないのです。

実際、ヤッホーブルーイングは、ほとんど広告を打っていません。会社としても、「ファンに拡げてもらっています」と公言しています。

その意味で、イベントはリアルなファン、熱量の高いファンを可視化するためにも有効な手段になります。ファンをつくるのではありません。本当のファンを可視化する場。そのファンが、どんどんビールをすすめてくれるのです。

そしてファンたちは、誰にメッセージすればいいのか、よくわかっています。お酒を飲まない人にビールをすすめたりはしません。もしかすると、この人はヤッホーブルーイングのクラフトビールをおいしいと思える人なんじゃないか、という人にすすめてくれる。正しく響く人に、正しいチャネルで伝えてくれる。オフラインのチャネルかもしれないし、場合によってはLINEかもしれない。あるいは、Facebookかもしれない。チャネルミックスもファン自身が考えます。

そうすることで、ワンホップ、ツーホップ先に伝わっていく。趣味趣向が似ている人たちに伝播していく。どんどん拡がっていく。そして1000人ものファンが一同に集まる。だから、純度が高くなる。

あまりにあっという間に定員が埋まってしまうので、2018年は会場が東京に変わりました。なんと、神宮外苑軟式球場です。ファンがファンを連れてきて、ファンが「きっとこの人は」という人にすすめて、広告しているわけでもないのに、ビールを飲みに行くだけなのに、とんでもない規模のイベントになってしまった。ファンが、よりファンになっていくイベントが、急激に大きくなっていったのです。

使いやすくて課題を解決してくれる商品

ただ、これだけのファンイベントが成功するのは、言うまでもありませんが、強いファンを獲得できるような商品がある、ということが大きい。

強いプロダクツがあるかどうか、というのは、何をもって強いのか、難しいところがあります。**技術的に正しいはずだとか、新しいとか、そういうことには関係がなくて、「多くの人に受け入れられること」が重要**です。それを、ファンという言い方をしています。

もちろん、商品はよくないといけない。しかし、商品がよければいい、ということにはなりません。もっといえば、それは本当の意味でよい商品ではない。ファンがいない、というのは本当によい商品なのか、あらためて問うてみる必要があります。

モノをつくる人たちは、言います。

「あの商品に比べて、ここが速い」「ここが安い」……。

しかし、お客様が「いい」と言っていなかったら、それは「よい商品」ではありません。

クラウドが出始めた頃、ＡＷＳは競合からこんなふうに言われたことがあります。

「あれは技術的には新しい部分は少なく、先進的ではない。自分たちのほうが先進的だ」

それはある意味、正しいことだったのかもしれません。しかし、技術的な先進性と、多くの人が必要とするかどうかはイコールではありません。日本はついついスペックで語りがちだからこそ、出てきたロジックなのかもしれません。

しかし、ハイスペックかどうかではなく、使いやすくて顧客の課題を解決してくれるのが、いい商品だと思うのです。

BtoC事例

ファンがいないということは、何かが間違っています。もしかすると、適切なユーザーやユースケースにたどり着いていない可能性もある。まずは熱量の高いファンをしっかり可視化してみること。それをどうすれば大量に複製できるか、を考える。コミュニティマーケティングを行ううえでは、この2つが重要です。

コミュニティは競合が簡単に「コピーできない」

ソフトウェアのSaaS（サース＝Software as a Service）のモデルは典型的な例ですが、使い始めのお客様向けに無料のプランがあります。サービスをスケールさせていくには、この無料で使っているお客様を、いかにアップセル（Up Sell＝より高いものを買ってもらうこと）するか。つまり、有料プランに移行してもらい、使い続けてもらうか、が問われてくることになります。

従来のビジネスなら、ここに営業担当者をつけていくわけですが、それではコストに見合ったスケールができません。だとすれば、どうやってアップセルや、つなぎとめをするか――。

それをお客様同士でやってもらえたとしたら、理想的な状況です。満足して使ってくださっているお客様が、新しく使い始めたお客様の満足度を高めてくれる。そうすることで、満足するお客様がどんどん増えていく。この仕組みを、コミュニティでつくる。

営業担当者をすべてのお客様に張り付ける必要がなくなりますし、お客様がお客様に何かを伝えるときに、費用が発生しているわけではないので、キャッシュアウトが少なくなる。コミュニティの大きな利点です。

そして、コミュニティがある程度の規模に達したとき、競合との間に大きなアドバンテージが生じます。それは、その**コミュニティは競合が簡単に「コピーできない」**ことです。

世の中には、広告枠のようにお金さえ積めば手に入るものもありますが、コミュニティは買えません。戦略は真似できても、同じコミュニティは手に入らないのです。

コミュニティの人たちに「うちのコミュニティに乗り換えて」「お金を払うよ」と言ったところで、みんながついてくるものではないでしょう。

一度つくられたら、簡単にはひっくり返らない。それが、コミュニティの強さなのです。

第 5 章

COMMUNITY

「コミュニティマーケティング」は人生もグロースさせる

MARKETING

コミュニティマーケティングに関わるようになり、いろいろな場で話をさせていただくことで、私自身も注目されるようになってきました。複数の会社の事業に携わる「パラレルマーケター」としての働き方によって、ビジネスだけでなく、自分自身の可能性が拡がり、人生を豊かにすることにつながっているからです。

私は現在、外資や国内ベンチャーなど複数の会社でマーケティングの業務に携わる一方、「CMC_Meetup」というコミュニティも運営しています。

正・副という「副業」ではなく、複数の業務を並行で進める「複業＝パラレルキャリア」。自分は何をやる人か、を表す名称も「パラレルマーケター」と名乗っています。

名刺の種類も常時5〜6枚あり、いずれの会社も、いわゆる「社員」ではありません。

たとえば、コラボレーションツールを扱う「ヌーラボ」では社外取締役になっていますが、これもいわゆる社員とは違います。

ヌーラボ以外は基本的に「業務委託契約」で、「短期契約（多くの場合は6か月契約）」で業務やプロジェクトをサポートさせていただいている会社も、8〜10社程度あります。

これは日本の社会保険制度などで、複数の企業で「社員」として勤務するのはハードルが高いためにこうした契約形態になっているのです。しかし、私の気持ちとしては名刺を持たせていただいている会社では、「中の人」として勤めている感覚でいます。

これまであまりなかったような働き方をしていることから、パラレルキャリアについて聞かせてほしい、と言われることも増えてきました。

パラレルキャリアをどうやって実現したのか

私がＡＷＳを辞めるときにイメージしていたのは、いわば「流しのＣＭＯ（Chief Marketing Officer）」でした。いろいろな会社のマーケティング戦略策定に関わったり、マーケティングチームをマネジメントするイメージです。

当時から、マーケティング、とりわけコミュニティマーケティングについてトータルに見られる人はなかなかいない、というのが実態だと思います。

しかも、そうした人材をフルタイムで採用するのは（自分もＡＷＳでマーケティング人材の採用に携わってきたので）募集数に対して、候補者が極端に少ないようにも感じていました。

そこで、こうした働き方にニーズがあると予測していたのです。

しかしながら、どの企業にも等しく時間を割き、自分自身が実行者（当事者）となっていく

パラレルキャリア先のセグメント

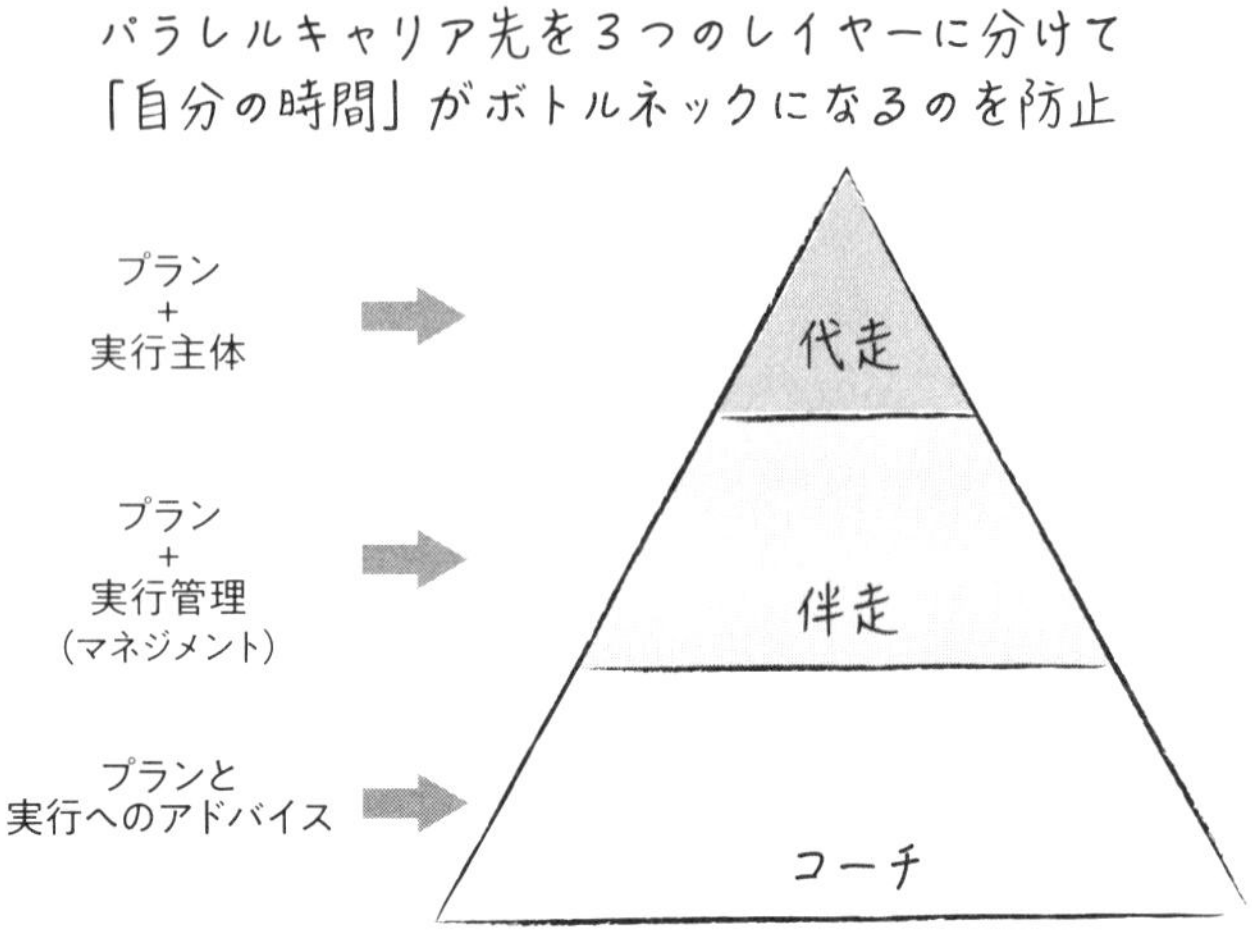

モデルだと、何社も並行して仕事をするのは無理が生じます。そこで、パラレルキャリア先をセグメントして設定したのが上の図にある「代走・伴走・コーチ」という3つのレイヤーです。

すべての会社で「代走」をしてしまうのは、あまりキャリアがスケールするやり方ではありません。それなら1社で、フルタイムでコミットしたほうがよかった、ということにもなりかねない。とはいえ、「代走」する部分もないと、私自身のインプットが少なくなってくる。

ですから、「代走」を請け負う企業は少数に絞り、主に「伴走」と「コーチ」の割合を増やすことで、同時に複数企業と仕事を進められるようにしました。

プロジェクトベースで拡がる可能性

名刺を持つ会社以外に、短期契約（6か月）でのパラレルキャリアも行っているのは、自分が関わる業界、チームを増やすうえで効率がいいと思うやり方だからです。

3か月では、お互いを知り、ある程度の成果が出る前に契約期間が終わってしまう。一方で、無期限で契約してしまうと、どの契約がいつ終わるかの管理が面倒になります。いつ仕事が切れるかわからなければ、他の仕事を入れられません。

しかし、6か月でその仕事が終わる、とあらかじめわかっていれば、次の仕込みを始めていくタイミングもつかめます。それこそ、いろいろな仕事の選択肢を持てるのです。

たとえば、ある新しい領域に関する会社があって、そのコミュニティマーケティング支援のプロジェクトに呼ばれることになったとしましょう。

面白そうだと思って引き受けたけれど、その後、その領域に関する世界最大の注目企業が日本法人を立ち上げて、ぜひ手伝ってほしい、と言ってきたとする。すでに受けている会社が、6か月という期間限定でなければ、後者の仕事は受けられません。そうすると、そのカテゴリーで1社を選ぶのに、相当慎重にならないといけなくなってしまいます。

実際、名刺を持っている会社に関しては、私は相当、慎重に選びました。

ただ、プロジェクトベースでは、毎回そこまで慎重にならなくてもいいので、面白そうな分野やチームであれば、できるだけ受けてみることにしました。それができるのも、6か月という終わりが見えていたからです。

いろいろな仕事を引き受けやすくなった分、自分がアウトプット、インプットできる分野や機会も増えていきました。結果的に、自分自身も成長する機会が増えていったのです。

新しい分野でキャリアを築きたい

AWSを辞めるということを公にしたとき、多くの方から「次はどこへ行くのか?」と質問を受けました。そのとき一番多かった予想が、いわゆる競合他社への転職です。

なるほど、一般世間からすればそれが合理的な選択に見えるということだと思いますが、私の考えは違いました。

せっかく次のキャリアを目指すのであれば、同業にいくのはあまり伸びしろがないな、と思ったのです。いわゆるクラウドコンピューティングの分野は卒業させていただき、そのクラウドのうえで急成長している分野で、新しいキャリアをつくりたいと考えたのです。

このとき、次に来ると私が予測したのが、ＡＩに代表される高度な情報処理、ＶＲ（仮想現実）／ＡＲ（拡張現実）といった新しい体験提供、そして、ＩｏＴやコラボレーションをはじめとする「つなぐ」技術です。

さらにもう一つ、国内の人口減少とこうした新しい技術を使ったビジネスの拡大から、決済についても大きな動きがあると考えました。

これらのいずれもが、ＡＷＳをはじめとするクラウド上で大きく普及してきています。

この中で１分野、１社だけに絞って次のキャリアを考えるより、複数の分野、企業と関わってキャリアをつくっていきたい。これが、パラレルキャリアを実行に移す大きなモチベーションとなりました。

もちろん、いわゆる「家庭内稟議」的な観点から、ＡＷＳ時代より年収が下がるというのは選択肢として採りづらいわけですが、ここでもパラレルキャリアは有利に働きます。

普通に考えると、スタートアップの企業がAmazonと同程度の給与を１社でカバーするというのは、けっこう難しい。つまり、Amazonと同じ給与を払える企業というのは、「これからの成長分野」にはあまりないということになります。

しかし、１社でこれまでの給与水準をカバーするのではなく、複数企業にシェアしてもらう形ならどうか。それなら、実現可能性が非常に高くなります。

これに、先ほどの「代走・伴走・コーチ」というポートフォリオを組み合わせると、労働時間の制約からも、かなり解放されます。つまり、私が今実践している「パラレルキャリア」という働き方は、とても合理的な選択なのです。


パラレルキャリアで行こう、と決めたとき、私は40代の後半でした。

「新しい働き方を模索するには、年齢が行き過ぎている」と思う方もいらっしゃるかもしれませんが、最近の報道を見るかぎり、年金は70歳にならないと出ないかもしれない。どうやってあと20年戦うか、を考えなければなりませんでした。その設計図が、パラレルキャリアだったのです。

すでに60歳だったら、もう少しコンサバなキャリアプランを立てたかもしれません。あと10年くらいなら逃げ切れるかもしれないから。

しかし、現実には20年あって、もうひと勝負、ふた勝負しないといけない。

そのためには、**成長分野でパラレルにキャリア形成をする**、というのはなかなかよい選択だったと考えています。

全員を相手にしようとするから、無理が生じる

あと20年、社会人として生き延びるには、アウトプットもインプットも続けていかなければいけない、という思いを強く持っていました。

そして、どうせやるのであれば、これから伸びる成長分野がいい。

ただ、実際は複数の会社とパラレルキャリアな条件で契約を進めていくのは、まだまだ常識的なやり方では難しいのも事実です。

そこで、ＡＷＳを辞めてから4か月間を、自分がやりたい働き方を世の中に知ってもらう期間に充てました。２０１６年の8月末に退職したので、年末の12月31日までです。

「年内はどこにも就職しません。それまでに、こういう分野（ＡＩや決済など）のパラレルキャリアで働ける会社とのコンタクト希望」と宣言したのです。

ちょうどこの頃に登壇したマイクロソフトのイベント（次ページ図）でも、まさにこの話をしています。

このように、「自分がやりたいこと、できること」をあらかじめ提示しておくほうが、案外ストライクゾーンなお話が来るものです。

逆にこれをやらなかったら、いろいろなところからボールが飛んできてしまったかもしれな

日本マイクロソフトのイベント「Microsoft Tech Summit 2016」
https://logmi.jp/business/articles/173245

い。もし、意に沿わなかったとすると、それをお断りするほうが大変です。また、自分でも、「早く決めたいから、これに飛びついたほうがいいかな」などと迷ってしまいかねない。だから、初めからストライクゾーンを示しておくのが賢明だと思ったのです。

ここで、これまでAWSのコミュニティに関わってきた強みが出ることになります。「小島さんはどうやらAWSの競合には行かず、パラレルキャリアを目指しているらしい」という情報が、コミュニティの人たち経由で、どんどん拡散していったのです。

それまで直接接点がなかった人たちにまで伝わるようになり、やがて1社、また1社と、ありがたいことに仕事の誘いがかかるようになりました。

最終的に2018年の初めには、5枚の名刺を並べての「パラレルキャリア開始宣言」をすることができたのです。7年間のクラウド分野でのコミュニティ活動で得たネットワークがなければ、これほどスムーズにはいかなかったでしょう。

「流しのCMO」の話を周囲にしたとき、「そんな採用の仕方をしている会社なんてない」という反応がほとんどでした。「よくそんなことをする気になったね」と。

しかし、世の中にあるすべての会社にこうした働き方を受け入れてもらおうと思っていたわけではありません。自分を必要としてくれる会社の中で、4社か5社あればよかったのです。

「中の人」だからこそ見えてくるもの

そしてもう一つ、まだ誰もやっていないのであれば、**最初にトライしたほうが成功する確率が高い**ということです。最初だから、できることがある。その数少ない会社を、自分が最初に押さえればいいわけです。

しかも、その5社が成長市場にいる会社であれば、その分野のインプットが得られます。実際、私は少なくともAWS時代に比べて、圧倒的に決済に関する情報や知見がよくわかるようになっていますし、AIについても同様です。理由は簡単で、その業界の「中の人」としてアウトプットやインプットができるようになったからです。

どんなプレーヤーがいて、どこが伸びしろかも見える。それは、中にいるからこそ見えてくる。そして、そこでもコミュニティが人とつながり、その人たちがまた教えてくれる。しかも、要点をわかりやすく言ってくれるのです。

大切なのは、**全員を相手にしようとしないこと。漠然とマスを見て、判断しないこと**です。

また、「独立なんて大変ですね」と言われることもありますが、そうしたバイアスにも気をつけたほうがいい。一歩、踏み出すのは勇気がいることではありますが、少しずつ自分の壁を壊していけばいい。どこかに自分に対する需要が確実にあるのです。

それが一気には見つけられないから、少しずつコミュニティを通じて世界を拡げていけばいい。そうすることで、自分の可能性は拡がっていきます。

自分のコアバリューに気づかされて…

パラレルキャリアをうまく実現させることができたのは、コミュニティを通じて外の世界を比較して知ることができていたことと、コミュニティを通じて自分を知っていてくれた人が多かったからだと思っています。

とはいえ、ＡＷＳを辞めた当時は、自分が「コミュニティマーケティングの人」だという明確な認識はなく、パラレルキャリアについて私が想像していたのは、今の形態とはちょっと違っていました。

自分は外資での経験もあったので、本社との予算交渉に始まり、イベント、プロダクト、フィールドマーケティングなど（もちろんコミュニティマーケティングも！）をオールラウンダーにこなせるマーケターだと自分で思っていたからです。

ですから、複数の会社で働くとすれば、ある会社ではプロダクトマーケティングをやり、ある会社ではイベントマーケティングに携わる。またある会社では、すべてを統括してディレクションし、ある会社ではコミュニティマーケティングをやる。そんなふうに、いろいろなマーケティングのファンクションで仕事をしようと考えていました。

ところが、実際に舞い込んでくる話は、コミュニティマーケティングに関わるものばかり。友人知人も含めて、私はコミュニティを通じて見つけてもらっていたのです。

たとえば、AWS Summit Tokyoというイベントは、約2万人近い人がエントリーし、世界中のAWS Summitの中でも、もっとも規模が大きいものです。ニューヨークやシカゴ、サンフランシスコで行われているものよりも、日本のイベントのほうが大きい。

ですから、イベントマーケターの人は、私のことを、こうした大きなイベントをやる人だと見ているのだと私は思っていました。

しかし、そういう見方をしてくれている人は少なかった、という事実に気づかされました。私はAWSでコミュニティのJAWS-UGをやっている人、というのが多くの人からの見え方だった。実績があっても、世の中からそうやって見つけられなければ、お声がかからないわけです。

「(顧客に) 見つけられなければ存在しないに等しい」というのは、マーケティングでは鉄則のようなフレーズですが、実は自分が世の中でどのように見られているかがよくわかっていなかった。まさに「紺屋の白袴」です。

結局、世の中が私を見つけるキーワードは、「コミュニティマーケティング」だった。だから、そこを突破口にするしかなかったのです。

たしかにイベントの実績もありますが、それは、「コミュニティマーケティングの小島さんは、実はあれもこれもできた」ということの一つです。イベントが先頭には立たない。検索キーにはならないのです。

会社を辞めて数か月、パラレルキャリアを模索中の私は、このことをはっきりと自覚することになります。私はコミュニティマーケティングでしか見つけられていないし、何よりこれが自分に対する関心軸、期待値なのだと。

後に、コミュニティマーケティングのコミュニティ「CMC_Meetup」をつくろうと思ったのも、これがきっかけでした。ＡＷＳを辞めてから「自分がどう見つけられるか」に初めて気がついて、やってみようと考えたのです。

関心のある人をコミュニティに巻き込む

実際、「コミュニティマーケティングについて教えてください」という話が、たくさん私のところに舞い込んできました。

最初は、面白がっていろいろな会社にお話に伺いました。

時間もありましたし、話をすると「勉強になりました」と喜ばれました。

しかし、そうして何社かで同じことをしているうちに気づいたのは、これではあまり得られるものがないな、ということでした。

同じ話をして「参考になりました」「勉強になりました」と言われるだけでなく、「小島さんの言う通りやってみたらこうなりました」というフィードバックが欲しくなったのです。

そうなれば、教える一方＝知識を消費するだけの立場から、私自身へのインプットにもつながります。そのために、まずは話を聞きたがっている人を束ねてみたらいいのではないか、と思いました。コミュニティマーケティングに関心のある人を集めて、コミュニティをつくってしまうのです。

そこで、小さなコミュニティが大きくなる様子を全員に体験してもらおうと考えました。

実際に体験することで「自分ゴト化」できれば、コミュニティマーケティングをもっと信用して、実践してもらえると思ったのです。

「あっ、オレは今、巻き込まれてるな」と実感したり、「あの人にも声をかけよう」と誰かを呼んでいる自分に気づいたりする。そうなると、「なぜ、あなたのサービスでやらないんですか？」「あなたのブランドでできませんか？」というところに説得力が出てきます。

「CMC_Meetup」始動！

コミュニティマーケティングのためのコミュニティ「CMC_Meetup」は、2016年の11月4日に動き始めました。

Facebookで「コミュニティマーケティングに興味ある人いますか？」と投稿を投げてみたのです（下図）。

コメント欄でレスポンスが来ると、「ミートアップをやろうと思うので、本当に参加したい人はメッセンジャーでメッセージください」と入れました。

レスポンスはけっこうあっても、直接メッセージが来る人は意外とい

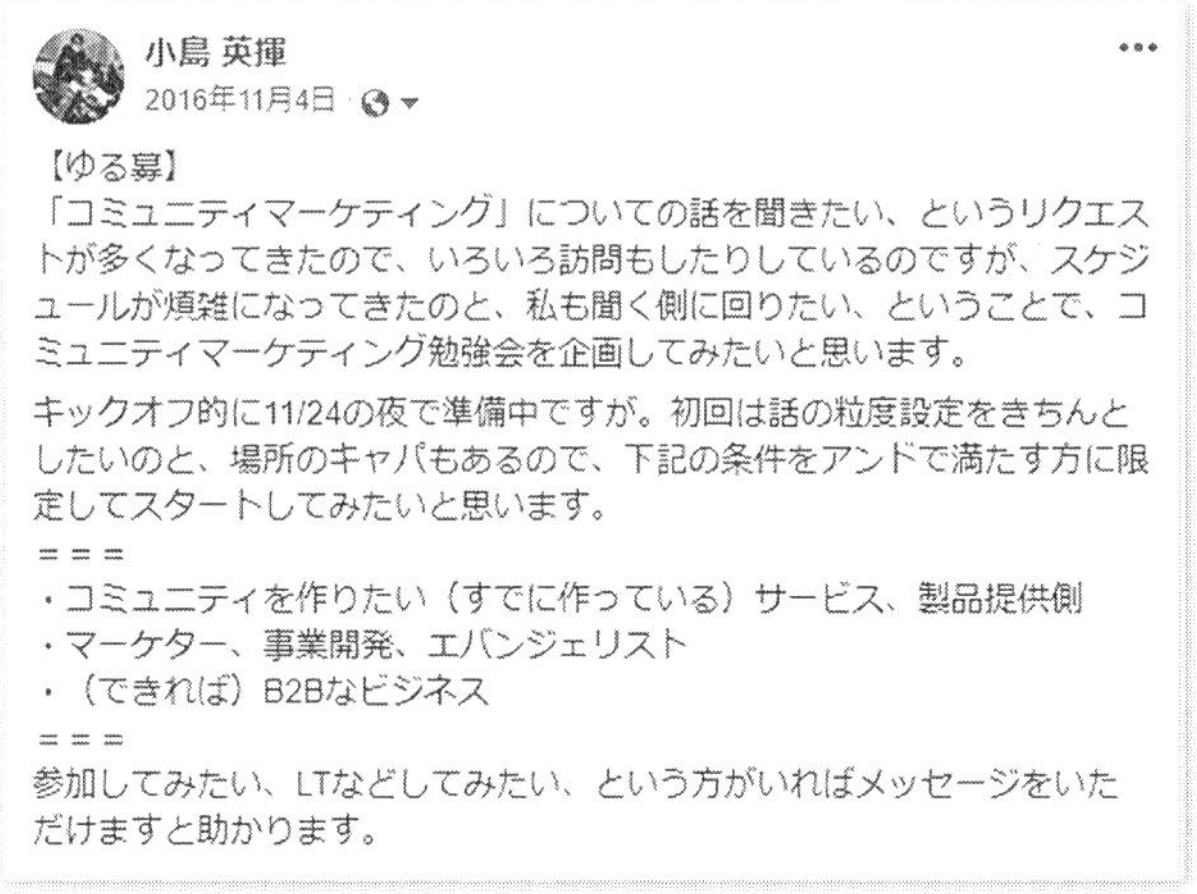
小島 英揮
2016年11月4日
【ゆる募】
「コミュニティマーケティング」についての話を聞きたい、というリクエストが多くなってきたので、いろいろ訪問もしたりしているのですが、スケジュールが煩雑になってきたのと、私も聞く側に回りたい、ということで、コミュニティマーケティング勉強会を企画してみたいと思います。
キックオフ的に11/24の夜で準備中ですが。初回は話の粒度設定をきちんとしたいのと、場所のキャパもあるので、下記の条件をアンドで満たす方に限定してスタートしてみたいと思います。
＝＝＝
・コミュニティを作りたい（すでに作っている）サービス、製品提供側
・マーケター、事業開発、エバンジェリスト
・（できれば）B2Bなビジネス
＝＝＝
参加してみたい、LTなどしてみたい、という方がいればメッセージをいただけますと助かります。

【ゆる募】コミュニティマーケティングの勉強会を企画
（小島Facebookより）
https://www.facebook.com/hideki.ojima/posts/1130902450318712

ません。そこで、メッセージをくれた人たちだけで、本当にクローズドに一度、ミートアップを持ったのです。これこそ、ファーストピンです。最初の投稿から3週間ほど経った11月24日のことでした。

「いいね」と言っても、メッセージを送ってこなかった人は無理には誘いませんでした。でも、ミートアップをした後のアウトプットは共有します。写真も撮ります。みんなにもツイートやブログを書いてもらう。そうすると、多くの人の目に触れるようになります。

この最初のミートアップの様子も、ブログに綴りました（次ページ図）。

2回目のミートアップも同じメンバーに声をかけつつ、「知り合いがいれば、お誘いください」とセミクローズドでやりました。最初が50人で、次が70人。3回目にフルオープンで告知すると、100名規模のエントリーが来るようになりました。

オープンになるまで待たされてしまったために、結局参加していただけない人もいましたが、それは仕方ないと思っていました。

こちらからは無理に追わない。これも、コミュニティマーケティングの鉄則です。

自分から興味があれば、向こうからやって来ます。アウトプットを見て、「行っておいたほうがいいな」と思えば来ていただけるようになるのです。

2016-11-27

CMC_Meetup -- コミュニティマーケティングのためのコミュニティ、始めました。

以前のエントリーでもふれたとおり、**「コミュニティマーケティング」について考えるコミュニティ**（ややこしい）を立ち上げることにしました。名称は**CMC = Community Marketing Community** 。そのキックオフを先週開催しましたので、コミュニティの紹介もかねたエントリーを。当日参加された方も皆さんいい笑顔でした！

『CMC_Meetup…コミュニティマーケティングのためのコミュニティ、始めました。』
（小島ブログ「マーケティング、エバンジェリズム、ときどき旅。」より）
http://stilldayone.hatenablog.jp/entry/2016/11/27/CMC_Meetup_--_%E3%82%B3%E3%83%9F%E3%83%A5%E3%83%8B%E3%83%86%E3%82%A3%E3%83%9E%E3%83%BC%E3%82%B1%E3%83%86%E3%82%A3%E3%83%B3%E3%82%B0%E3%81%AE%E3%81%9F%E3%82%81%E3%81%AE%E3%82%B3%E3%83%9F%E3%83%A5

コミュニティを通じて、ビジネスが拡がる

「CMC_Meetup」は発足から丸2年で、Facebookグループのメンバーが約１６００人になりました。開催数は合計30回。東京だけでも10回行われました（２０１９年2月時点）。

参加者は年々増え続けており、コミュニティの自走化、地方開催に加え、すでに株分けも始まりました。私はＡＷＳというＢtoＢの出身ですが、ＢtoＣのビジネスを手がけている人たちから、自分たちの軸で開催したいという声が上がり、ＢtoＣ分科会も立ち上がっています。

また、同じくコミュニティマーケティングの経験者だけで、深く議論したいというニーズに応え、Deep Diveという分科会も立ち上がっています。私はどちらにも顔を出していますが、運営は完全にこの分科会のメンバーに委ねられています。

ミートアップは、東京では3か月に1回ほどのペースで行われ、1回に１００人ほどが集まります。地方ではだいたい20人ほど。各地方も複数のリーダーの方が運営してくれています。

今のところ、私が「そろそろやりますか？」と球出しをすると、「じゃあ、こんなテーマでやります」と的確に打ち返してくれる人がいて、場所や告知サイトの準備をしてくれる。懇親会も重要なので、もちろん場所を確保してくれます。

会場はいろいろな企業の方のサポートで提供していただくこともあれば、費用がかかる場所

なら完全割り勘にしてみんなで負担します。少額でも、自分で負担することで自分ゴト化になるのは、すでにお話ししたとおりです。

コミュニティマーケティングという軸でのコミュニティができたことで、私自身がコミュニティマーケティングという文脈で見つけられることが、以前よりますます多くなりました。

コミュニティマーケティングという言葉が、1600人ものメンバーを通じて拡散していく。ミートアップがあれば、アウトプットが増えていく。そうすると、まわりまわって私のところに相談が来ることも少なくありません。

ミートアップはオープンですし、かかる費用は懇親会代くらい。とても来やすい。そして話を聞いているうち、「自分の会社でもコミュニティマーケティングをやらないといけないぞ」と気づいた人は、私に積極的に声をかけてきます。「何か手伝ってもらえませんか?」と。

あるいは、ミートアップに来ていた人がアウトプットしているうちに、「誰か相談できる人を探している」という声に出会うと、私に声がかかったりします。

パラレルキャリアで名刺を持っている会社以外にも、複数の会社のマーケティングプロジェクトに私が関わっているのは、こういう理由からでもあります。コミュニティの中で引き合いがどんどん生まれていくのです。私にとっても、ビジネスの機会が増えていきます。

ただ、誤解してほしくないのは「ここまでは無料、ここからは有料」というサロン的な情報の出し方をしているわけではないということです。

基本的に、ミートアップの場などで、私が出せる情報はすべて出しています。そこでは、お金は取らない。絶対に取りません。すべてタダです。

しかし、そうした情報やフレームワークだけを聞いても、できないという会社が現れるのです。「話は聞いたが、自分たちの場合、どうやればいいのでしょう？　手伝ってほしい」と。

しかし、ここで強調したいのは、**プロジェクトの代走は引き受けない**ということです。実行するのは、その会社自身。私の役割は、プロジェクトの伴走や併走をすることです。

これはコミュニティの回し方に似ています。コミュニティが大きくなるとき、すべてのミートアップを自分が1から10まで実施していたら、とてもまわりません。

自分の時間がコミュニティ拡大のボトルネックになってしまう。ですから、どこかで自分の時間とコミュニティ拡大のペースを切り離さないといけないのです。つまり、コミュニティマーケティングの手法を、自分のパラレルキャリアやビジネスにも応用していくのです。

どれだけ情報発信していけるかがカギ

一つの労力を、どうスケールさせていくか。

マーケティングが目指すのは、本来こういうものだと私は思っています。全部やっていると、手売りの営業スタイルと変わらなくなってしまう。これでは、ビジネスがスケールしない。この意味で、極めてマーケティング的に、自分のビジネスを捉えています。

コミュニティマーケティングが重要だ、という「自分ゴト化」を図っていくのです。そして、これを本当に私自身が信じている。大事だと思っている。だから、それをフォローする人が増えていく。そうすると、実行者が増えてきます。

私はどんどん教えていきますから、かなりの人数が実行できます。しかし、実行できない、もしくはもっと高みに行きたい、もっと近道したいので一緒に走ってほしい、という人が現れるようになる。そうすると、期間を決めたり、コミットメントの形を決めて伴走したり、コーチをしたりします。

すでにコミュニティマーケティングの重要性について合意ができていますから、実行のスピードが速い。私の役割が明確で、お互いにストレスなくプロジェクトが進むわけです。

大きなポイントは、コミュニティに加わっている、すべての会社が私に声をかけなくていい、ということです。コミュニティマーケティングに興味を持つ人たちが増えてくればいいのです。

その中の何社か「コミュニティマーケティングのチームをつくりたい」「コミュニティマー

ケティングに投資する気持ちがある」というところをサポートすればよい。

「これだけの規模のコミュニティなら、会費を取って運営したらビジネスになりそう」という発想を持つ人もいるかもしれません。たとえば、オンラインサロンのようなもの。それもあるのかもしれませんが、私にはどうも長続きするとは思えないのです。

有料になると、どうしても二の足を踏む人もいるでしょうし、人がどんどん入ってくる気がしません（タレントのファンクラブは別です。ファンを増やす無料の活動が、ファンクラブ以外の場所でたくさん実行されていますので……）。

しかし、無料で知りたい人にナレッジをどんどん提供していけば、自然にスケールアップしていくものです。しぼむイメージがない。もちろん、そのためには常にコミュニティの進化につながる話を伝えていかなければなりません。

進化するために自分もアウトプット／インプットしていきますし、自分以外がどれだけ情報発信者（スピーカー）になれるかも、とても大事なのです。

これは、ある種のフリーミアムに似ているかもしれません。だから、この活動が拡がっていくには、少し時間が必要です。すぐには拡がらない。きちんと種を植え、水をやり、草むしりもする。そうすると、秋には実って花がたくさん出て、種がたくさんできます。

そうやってデマンド（需要）を大きくしていくことで、リピートする人や本格的に利用する人も自然に増えていく。たくさんにリーチして、そこから絞るのではなく、自然に拡がって、ビジネスにつながっていく。そんなイメージを持っています。だから大事なことは、**コミュニティマーケティング自体を理解したい人が増えていくこと**なのです。

その意味でも、コミュニティマーケティングは、有効に作用します。良質な相手との仕事の機会を、じっくりと増やしていくことができるからです。

公私混同のアウトプットで自分への期待値を調整

AWSを辞めるときに、始めたことが一つだけありました。それは、ブログを書くようになったことです。自分が何を考えているのか、アーカイブして、そこに読者が来られるようにしておかないといけない、と思ったからです。ランディングページの役割です。

ソーシャルネットワークというのは、どんどん情報が流れていってしまいます。拡散にはいいのですが、この人がどう考えているか、何を言っているのか、戻る場所をつくることは、実は難しい。ソーシャルネットワークは、言ってみれば、フローの場です。

そこで、後に自分の会社の屋号となる「スティル・デイ・ワン（Still Day One）」のURLを取得してブログを立ち上げ、そこに書くようになりました。

それまでブログはやっていませんでした。第一次ブログブームの波を私はスルーしてしまったまま、ネット上にアーカイブする手段を持っていなかったのです。

ＡＷＳ入社後、あまりの手軽さにツイッターをスタートさせ、ネットでアウトプットすることの威力を思い知ることになり、その後、Facebookも使うようになりました。

ツイッターもFacebookも情報のアウトプットやインプットには効果がある、という手応えはあったのですが、やはりアーカイブ先がなく、どこかでつくらないと、と思っていたのですが、きっかけがなかったのでした。

Facebookは、観測気球的な存在だと思います。どんな話題をみんなが好むか、これはどのくらいの賛同が得られるか、すべてをテストしているわけではありませんが、投稿すると反応が得られる。これで、つながっている人たちの嗜好がわかる。

それを踏まえたうえで、ブログを書いています。ブログは自分の情報発信の考え方の起点にしようと思っていましたので、どんな人に、どう読まれるか、を意識して書いています。

実際、普段から私がブログで何を書いているか、で私の期待値は決まったりするわけです。「この人はこういう人だ」と捉えられる。だから、ビジネス的な話題だけでなく、趣味のオートバイの話もバンバン書いても大丈夫だと考えています。仕事と趣味の境目がない、いい意味での「公私混同」です。それも含めて期待値コントロールを自分で行っています。

加えて、2年目からブログに加え始めたのが、「パラレルキャリア月報」でした（左図）。自分が今月、何をしたのか、を必ず書いていく。どこに行ったか。何をしゃべったか。何がハイライトだったか。印象的な食べた物は何だったか……。

2018-10-31

パラレルキャリア月報 -- Sep 2018

今年の9月はとても暑かった気が（ほぼ1か月たってしまっているので少し記憶が薄れてます）。。。　次回こそは、季節感が合っているうちに月報書きたいと思います。

というわけで9月の月報です。例によって、打ち合わせやクローズドな会合は省いています。

サマリー

いつものコミュニティ系の登壇に加え、大き目のハコでの登壇がGoogle Next 18 の前夜祭的に実施された INEVITABLE ja night 。400名近い方にエントリーをいただきました。いつものテクノロジーテーマではなく、テクノロジーの進化がもたらす「情シス」の役割の変化について、著名なCIOの皆様とのパネルや、情シスバックグラウンドを持つ方のキャリア論のディスカッションなど、かなり深くお話できたと思います。

今後も、テクノロジー軸だけでなく、こうしたキャリア論でもテーマ設定していこうかなと思います。

写真は登壇前のスピーカー陣と。

「パラレルキャリア月報」
（小島ブログ「マーケティング、エバンジェリズム、ときどき旅。」より）
http://stilldayone.hatenablog.jp/entry/monthlyreport_201809

これを必ず定型のフォーマットで出しています。自分がしゃべったもののアーカイブも添えます。これ以外に、自分が今、感じていること、こうあるべきじゃないか、と思っていることもブログに綴っていく。第4章で触れたサブスクリプションビジネスについても、ＡＷＳのコミュニティやカスタマーサクセスと絡めてブログに書きました（次ページ図）。

こういうことをすると、きちんと反応があったりします。

読んだ人が、私の知っている人を経由したり、ダイレクトメッセージで「小島さんと話をしてみたい。こういうことで相談したい」と連絡をしてくれるようになった。アウトプットすると、自分のストライクゾーンに近いインプットが帰ってくるのです。

アウトプットを続けるうえで大事なことは、真新しい話題だけが求められているわけではないということです。みんながわかっているようなことも改めてアウトプットする。わかりやすく要約してみたり、図表にしたり、簡単なフレーズにしたりしていく。

「求められているもの」というのは、必ずしも新しいものであるとはかぎりません。

なんとなくわかっていたけれど、きちんとした定義やコトバになっていないもの、というのは、たくさんあります。それを「言語化」してみると、「ああ、そうだよね！」というカタチで反応が返ってくる。そうすると、「それをやりたいんですが、どうすればいいですか」という反応を引き起こしたりするわけです。

実はすでに、ブログでのアウトプットが新しいご縁をつくったエピソードがあります。

私は「Amazon Go」が2018年の2月に一般公開になったとき、そこで買い物をするためだけにシアトルに行きました。そして、「Amazon Goは世の中で言われているような無人コン

2018-06-29

サブスクリプションビジネスの「ターボ」：コミュニティとカスタマーサクセス

5月のCMC_Meetup Tokyo Vol.9にカスタマーサクセスの伝道師：岡田奈津子さんに登壇いただいて以来、カスタマーサクセスとコミュニティの関係についていろんな会社やポジションの人と話す機会がありました。その中で、なぜこの二つがXaaS系の「サブスクリプションビジネス」に重要なのかを考えていたのですが、サブスクリプションのターボのような存在だと確信してきたので、自分なりに言語化してみるとこにします。

※写真はイメージです。

出典：CarShowroom https://www.carshowroom.com.au/news/new-patent-tells-of-engine-with-a-turbo-for-each-cylinder/

事例：AWSにおけるコミュニティとカスタマーサクセス

まず、コミュニティとカスタマーサクセスがどのように機能してい

『サブスクリプションビジネスの「ターボ」：コミュニティとカスタマーサクセス』

（小島ブログ「マーケティング、エバンジェリズム、ときどき旅。」より）

http://stilldayone.hatenablog.jp/entry/subscription_turbo

ビニではなく、裏の考えがある」という話をブログにアップしたのです（左図）。
端的にいえば、無人コンビニのような省力化の話ではなく、eコマースの当たり前を店舗で実現するためのものが「Amazon Go」だ、ということです。

2018-02-10

Amazon Goは「無人コンビニ」か？

アマゾンがシアトルで運営している**「オフライン」店舗 Amazon Goが、2018年1月下旬からついに一般顧客でも利用**できるようになりました。 長いβ期間（この期間中はアマゾン社員のみ利用可能だった）を経て、多くの人の関心を呼んでいたこともあり、早くも体験記事などが沢山でています。これらを読むと一通りのことはわかった気になるのですが、やはりこの手の新しい概念のものは実際に試してみないと得られないことも多いので、この週末にさくっと行ってみてきました。以下、自分が体験したこと（事実）と、そこから考えられるアマゾンの思惑（これは私の仮説）について書いてみます。

Amazon GoへGo!

シアトルのダウンタウンはここ数年ですっかり「アマゾンタウン」の色が濃くなりました。自分がAWSに在籍していた時はまだ建設中

『Amazon Goは「無人コンビニ」か?』
（小島ブログ「マーケティング、エバンジェリズム、ときどき旅。」より）
http://stilldayone.hatenablog.jp/entry/Go_AmazonGo

入店と同時に「ログイン」して、モノを手に取っただけでバーチャルなカートに入る。つまり、もともと「レジ」という概念がない。オフライン店舗の小売りのビジネスで同じようなことをしようとしても太刀打ちはできないのです。

そもそも個々の来客をログイン認証する仕組みを、リアルな小売りは持っていません。これが、NewsPicksでもかなりバズり、それをきっかけに日経BP社から登壇依頼が来ました。

こうなると、「クラウドを知っていて、コミュニティマーケティングを語れて、パラレルキャリアの小島さん」というところに、「元AmazonでAmazon Goをしゃべれる人」「キャッシュレスの話ができる人」というラベルが加わってくるのです。

新しいものを出すたびに、ラベルや検索キーが増えたり、強化されていくイメージです。

私を見つけてくれる人たちとのパスや裾野が広くなっていきます。

実のところ、私をきちんと理解している、ブログとかを読んでくれている人以外から来るお話は、あまり相手にしないほうがいいのではないか、とすら思っています。ちょっとピント外れの依頼だったりすることが多いからです。

コミュニティマーケティングと同じです。自分自身をいろいろな人に直接セリングするよりも、第三者のレコメンドでラベルやイメージが拡がっていくようにする。そうすることで、結果的には多くの人やビジネスにつながっていくようになるのです。

コミュニティは、デマンドをつくり出す装置

「Amazon Go」の例もそうですが、「初めにやってみる」ことの重要性は無視できないと思います。その領域の人を検索したときに、1人目か2人目に出てくることが重要な時代です。

そのため、わざわざ「Amazon Go」のためだけにシアトルに行ったりしたのです。

実際、その効果は大きかった。パラレルキャリアも早くからやってみることが大事でした、10人目、100人目では目新しさはなく、メディアにも取り上げられません。だから、今の働き方を始めるときに私が強く意識したのは、「正・副」の「副業」ではなく、複数の「複業」、パラレルキャリアというわかりやすいラベルでいち早く表現することでした。

しかも、特に関わりの深いプロジェクト以外は、基本6か月後に降りることにしています。これは、他にしっかりとした柱があるからできること。支えてくれる柱が多ければ、1本、2本、定期的に折ってもいい、と思えるのです。

もちろん、需要と供給の話ですから、自分が思うほど自分を必要とする人が少なくなってきたら、自分の価値を上げるか、このやり方を変えるか、どちらかになりますが、それはそのときに変えればいいことです。

大事なことは、自分ができることと、需要がわかっていること。もっといえば、需要をつく

り出すことができれば、一番いい。それができるのが、コミュニティです。**コミュニティは需要をつくり出す**のです。

「関心軸」でグロースするコミュニティ

私は今、「コミュニティマーケティングという需要」をつくっているのと並行して、「パラレルキャリアという働き方の需要」をつくっていると考えています。

これはかなり意識的に行動しています。

そうなるように考え、実行しているからこそ、今のポジションがある。もちろん思い通りにならないことや、思ったよりうまくいかないこともありますが、それでも自分が設定した方向にしか、モノゴトは進んでいかないと考えています。

思った通りになるというのは、コントロールできる範囲が広い、ということです。

やってみたけどどうなるかわからない、明日は明日の風が吹く、という仕事スタイルは、相当にラテン気質でなければ難しいと思います。家族からの不信感も高まるのではないでしょうか。家族に信用されなくなると、本人にとっても大きなストレスになりますので、いいことではありません。

では、私が設計したかったコミュニティとは、どういうものか。

やはり大切にしたのは、**みんなが寄りたくなる「関心軸」**です。

「オレがやりたいから」「ワタシはこれができるから」ではうまくいきません。

CMC_Meetupも、たしかに初期の頃は、私がいたことで人が集まってきたところがあったと思います。

しかし、コミュニティには今、１６００人以上の人がFacebookでつながっていて、月に50人から１００人のペースで増えていますが、そのほとんどは、もはや私自身の直接の知り合いではありません。

たしかに最初は、私を中心としたトラストチェーンで人がつながっていったのだと思いますが、それ以降は、その先のトラストチェーン、さらにその先のトラストチェーンで、「このコミュニティに、入ったほうがいいよ」が連なっているのです。

ポイントは私という「個人」にあるのではなく、コミュニティマーケティングという、人が集まる「関心軸」にあるのです。だから、コミュニティが拡大し続けている。その関心軸がなければ、コミュニティは成り立たなくなり、人は分散していきます。

「なんか楽しいことで集まろうぜ」みたいなものだと、最初のうちは人を集めることはできても、いつか曲がり角に来ることが多いのです。

また、よくあるのは、自分の目が届く人だけがこの中にいるという場をつくりたい、というケース。それは、その人のサロンです。サロンをつくりたいなら間違っていませんが、それは共感者やフォロワーを増やしていくタイプのデマンド生成型のコミュニティには育っていかないと思います。

会社を軸にするのではなく、コミュニティを軸にする

これからの時代は「軸」がとても重要になってくると、私は考えています。ビジネスをするうえでも、キャリアをつくっていくうえでも、です。

軸をつくることが、極めて大切になってきている。そして、かつてのような「会社を軸にしていく生き方」は、かなりリスクが大きいのではないかと思います。

振り返ってみると、私の働き方は、コミュニティが軸になって、働き先がピボット（変遷）している形になっているようです。複数のコミュニティという軸があって、そのまわりの活動しやすいところに私がいる。そして、そのコミュニティのまわりにあるのが、現在名刺を持っていたり、プロジェクトを支援している会社群ということになります。

会社を軸にして、自分があるわけではない。コミュニティという軸を中心に存在していく。

私はもともと、マーケティングがやりたくて、社会に出ていきました。だから、転職もすべてマーケティングが軸になった。就社ではなく就職。これが、そもそも大学を卒業して就職するとき描いていた仕事のイメージだったのかもしれません。

新卒のとき、マーケティング職にこだわって、職種別採用で採ってくれたのがＰＦＵという会社でした。しかし、新卒で入った会社そのものに大きな期待があったわけではありませんでした。

それは後に、自分でもはっきりと理解することになります。だから、転職してマーケティングという軸で生きていくことに、まったく不安はありませんでした。

この初めての外資への転職では、新卒からずっと一緒だった同期に驚かれました。「そんな小さな会社に行って大丈夫なのか？」と。そのとき初めて、なるほど世間はそういう見方をするのか、と知りました。

私自身は、マーケティング職で外資系に入社できたことは、大きなステップアップだと感じていたにもかかわらず、まわりは「大丈夫か？」と言う。大きなこと、安定していることが、彼らにとっては価値があったのかもしれません。価値観が違うと、こんなにも出てくる言葉が違うのかと思いました。

さまざまな価値観が変わりゆく時代

今は、組織の規模や人員の多さというものだけにすがることが、とても危険な時代になっています。そして、そのことに多くの人が気づき始めています。

たとえば、大きな金融機関だからといって、本当に安定した存在なのか。

象徴的な話をすると、今、世間で利用者が急増しているメルカリでモノを売ると、お金はメルカリの中にプールされます。お金の流れに、銀行が関与しない時代がやってきているのです。お金が銀行を経由しない案件がどんどん増えていく中で、銀行で企画業務をやっている人たちは、目の色が変わっているのではないでしょうか。

あるいは、3年おきに職種をローテーションするような組織で働く人は本当に安全なのでしょうか。

その組織の内情には詳しくなるかもしれませんが、組織の外で通用する専門性をしっかり身につけていくことは極めて難しいでしょう。

たとえば、希望退職者を募る一方で、イノベーション部を立ち上げるような会社はいったい何を考えているのか、と思います。外でやれる人にお金を渡して外に出して、外に出られない人でイノベーション部をつくる。とても賢いやり方には見えません。

今、いろいろな業界で「ガラガラポン」が始まっている。だからこそ大事なのは、**自分の関心軸、専門軸をはっきりさせること**だと思うのです。

自分はどうしたいのか。どんな軸で生きていきたいのか。どの軸なら心地よいのか。

それを知るためにも、外に出て行くことです。そして、外から今までいた場所を見てみることです。

わかりやすい例でいえば、海外に出てみれば、日本のパスポートがいかに素晴らしいか、がわかります。ほとんどの国にビザなしで行ける。これは、世界の多くの国から見れば、とんでもなくありがたいことです。

そして、軸に合うものがあれば、飛び込んでみる。東京であれば、勉強会やミートアップが山のようにあります。選び放題。世界でもっともたくさんミートアップが集積している場と言っていい。

企業もたくさんミートアップスペースを用意してホストしています。この環境を利用しない手はありません。まずは、自分の関心軸にあったコミュニティを見つけてみることです。

さらに私がおすすめするのは、コミュニティに加わったら、**積極的にアウトプット（発信）側にまわること**です。常に「ギブ」することを考える。そうすれば、自然にまわりに見つけてもらえるようになり、インプットや引き合いも増えていくからです。

たとえば、コミュニティに１００回参加するよりも、１回の登壇が効果を発揮します。自らアウトプットすることが、より良質なインプットを得ることにつながっていく。登壇すれば、すでに自己紹介が終わった状態で懇親会やネットワーキングにも参加できるので、まわりの反応が得やすく、相当有利な状況にあるのです。

反対に、いつもコミュニティで黙っている、人に役立つ発信をしていない人がいきなり、「みなさんにも関心があると思いますので、イベントのお知らせをさせていただきます」と宣伝投稿しても、ほとんど反応はないでしょう。

仮に、同じ情報や話題を、コミュニティに貢献している人が投げかければ、「面白そうですね」といったコメントがすぐにつく。コミュニティの人たちは、発信する人をよく見ています。

コミュニティなのですから、コミュニケーションするのが鉄則。自分が「こんにちは」と言っていないのに、向こうから「こんにちは」とは言ってはもらえません。まずは、こちらからギブを心がけることです。そうすることで、得られるものが変わっていきます。

ビジネスでも、仕事でも、趣味でもかまわない。関心軸を持ち、関心軸を強化してくれる場を持つことです。人生を豊かにするうえでも、それはきっと大きな意味を持つと思います。

そして、この関心軸や専門軸を3つ以上持つことができれば、みなさん自身が日頃感じているストレスから、ずいぶん解放されるのではないでしょうか。

3つの軸があれば、いずれかの軸でつらい状況になっても、それが世界のすべてではなくなる。他に自分を認めてくれる、自分の居場所のあるコミュニティがあれば、精神的にずっと穏やかに過ごすことができます。

すでに自分の関心軸や専門軸がある人は、ぜひ、それにあったコミュニティに加わってみてください。そうしたものが見つからない人は、なんとなくピンとくるコミュニティに参加することで、気づきを得られることもあるでしょう。それによって、これから生きていくリスクをヘッジし、人生を豊かに変えてくれるきっかけが生まれるはずです。

おわりに

ＡＷＳの大きな成長において、コミュニティマーケティングがいかに大きな役割を果たしていたか。それは、やがて内外に広く知られることになりました。

ただ、私自身の中にずっとあった思いは、「それはAmazonのＡＷＳだから起こったことではない」ということでした。なぜなら、私はその前に仕事をしていたアドビの時代に、コミュニティマーケティングの大きな可能性に気づいていたからです。

コミュニティマーケティングは、横展開ができる。これこそが、コミュニティマーケティングについて多くの人に伝えたい、と感じてきた最大の理由です。

ＡＷＳのコミュニティマーケティングのフレームワークと、どんなふうに取り組みを進めていったのか、ということを語ることで、多くの人にコミュニティマーケティングの可能性を知ってもらえると思ったのです。

そしてもう一つ、コミュニティマーケティングについて伝えたかったのは、人生をグロースしていく方法としても有効だ、ということです。

セルフブランディング、セルフプロデュースの時代にも使える。実際、私がパラレルキャリアを実現させて、その恩恵にあずかることができたわけです。

ただ、パラレルキャリアという表面的な形だけ捉えても意味がありません。重要なのは、自分の関心軸、専門軸を定めることです。それを磨き続けることです。

私は自分をぐいぐいセリングするようなスタイルは苦手でした。だから、自分のスキルが伝わるネットワークをつくってから、新しいキャリアに踏み出した。その活動を支えてくれたのが、コミュニティでした。マーケティングという自分の関心軸、専門軸をはっきり定めたこと、コミュニティを通じてアウトプットを続けたことが、私のキャリアを可能にしたのです。

それを実現させてくれた手法が、まさにコミュニティマーケティングなのです。

今後、パラレルキャリアがもっと現実的な選択肢になることを証明したいと考えています。とてもいい働き方だと思うので、これをきちんと成功させて、あわよくば後に続く人のロールモデル的な存在になれればいいなと思っています。

そして、コミュニティマーケティングが、マーケティングの一分野として認知されるといいと思っています。そのために、一子相伝なやり方では拡がらないので、取り組みを進めたのが、CMC_Meetupでした。

自分が体験したことを、みんなで使えるようにする「言語化」をコミュニティ全体で進めています。この本でコミュニティやコミュニティマーケティングに興味を持たれた方々にも、ぜひ参加いただきたいと思っています。

最後になりましたが、本書の企画・制作にあたっては、日本実業出版社の編集部にお世話になりました。また、構成にあたっては、ブックライターの上阪徹さんにお世話になりました。この場を借りて、感謝申し上げます。

また、これまでの会社で共に仕事をさせていただいた同僚、パートナー、お客様、そして「JAWS-UG」や「CMC_Meetup」などさまざまなコミュニティでご一緒いただいているみなさまと共有した時間がなければ、この本を書くことはできませんでした。

そして、こうした仕事観をつくってくれた両親と妹、いつも勝手にキャリアチェンジする私を支えてくれる妻の香絵、なんだかんだ言いながらも父親の仕事に関心がありそうにしてくれる息子の湧太と娘の美晴にも、(面と向かっては言えないので)紙面で感謝を述べたいと思います。

いつもありがとう!

著者

編集協力
上阪 徹

ブックデザイン
萩原 睦（志岐デザイン事務所）

カバー撮影
武市真拓（集合写真家）

小島英揮（おじま　ひでき）
1969年高知県生まれ。明治大学商学部卒業。パラレルマーケター。Still Day One合同会社代表社員。PFU、アドビシステムズを経て、2009年から2016年までAWS（Amazon Web Services）の日本法人で、マーケティング部門のヘッドとして従事。AWS在籍中に、日本最大規模のクラウドコミュニティ「JAWS-UG」を発足させ、多くのエンジニアがコミュニティを通じて新たなビジネスや価値創出に関わるモデルを確立、日本のクラウド業界全体に大きな貢献を果たした。2016年のAWS退職後、コミュニティマーケティングの実践者を増やすコミュニティ「CMC_Meetup」を立ち上げる。2017年より、国内外でAI、決済、コラボレーションなどの分野でサブスクリプション系のビジネスを展開する企業のマーケティングやエバンジェリスト業務をパラレルに推進中。現在は、Still Day One合同会社の代表社員を務めるほか、ABEJA・マーケティングディレクター、ストライプジャパン・エバンジェリスト、ヌーラボ・社外取締役など、10社程度のマーケティング業務やプロジェクトに関わっている。

ビジネスも人生（じんせい）もグロースさせる
コミュニティマーケティング

2019年3月20日　初版発行
2021年6月10日　第2刷発行

著　者　小島英揮
発行者　杉本淳一

発行所　株式会社日本実業出版社　東京都新宿区市谷本村町3-29 〒162-0845
大阪市北区西天満6-8-1 〒530-0047
編集部　☎03-3268-5651
営業部　☎03-3268-5161　振　替　00170-1-25349
https://www.njg.co.jp/

印刷／理想社　　製本／共栄社

この本の内容についてのお問合せは、書面かFAX（03-3268-0832）にてお願い致します。
落丁・乱丁本は、送料小社負担にて、お取り替え致します。

ISBN 978-4-534-05677-1　Printed in JAPAN